山陰文化ライブラリー 18

松江の近代建築

―明治・大正・昭和 記憶のまちかど―

足立 正智

ハーベスト出版

はじめに

松江は城下町の歴史や芸術文化にあふれた豊かなまちです。歴史が紡ぎ出す景観、そして自然の景観にも恵まれた魅力的なまちです。このまちには歴史的な建物や橋、堀などの建造物がたくさん残っていますが、それも年々少なくなってきています。出来るだけなくなる前に記憶にとどめておきたいと思い、それらの調査や研究を行ってきました。でも、まちに歴史的な建造物を残すには住んでいる人がそれを想わなければ為せないことだと思います。そのために私がやれることは何か、これまでに出会えたたくさんの魅力的な建造物の存在をしっかりと伝えるということこそそれにつながると思います。建物や建造物はそれが存在する過程、そして歴史を紡いでいく過程において、様々な人物や歴史的な事件とのかかわりを持ちながら、そしてそれらを見つめながら、まちに存在していきます。建物や建造物はまちを見てきました。そんな建物や町並みが残っている古いことによって、そこに住んでいた人たちは記憶をよみがえらせることができます。この本で子供の頃の記憶さえも、まちかどに残る古いものからよみがえっていきます。関わった人や歴史、そして出来私は建物や建造物の物語を描きたいと思っていました。

上がった経緯、誰が使い、誰が暮らし、どんな事件に関係するのか、そのようにして紡ぎ出された物語こそまちの歴史を語るものであり、残していくべきものだと思うのです。

目次

カバー絵・坪倉　菜水

第1章　焼かれた県庁の物語

松江騒擾《そうじょう》事件

昭和二十年（一九四五）八月二十四日午前一時ごろ、皇国義勇軍の首謀者岡崎功は城山内の護国神社で仲間が集まるのを待っていた。彼らは太平洋戦争を聖戦であるとして、連合国への降伏を潔しとせず、聖戦続行、昭和維新政府樹立を画策していた。このような動きは全国で起きていたようで、それらの対策に警察などが動いていたようだが、彼らは軍部の一部や地方の有力者らとも手を結び、かなり厄介な存在となっていた。松江における岡崎の率いる一派も数は説によってもばらつきがあるが三十人前後がいて、中には女性も七、八人は参加していた。岡崎の腹心は長谷川文明と言った。かねてよりの計画は、集まった人数を数グループに分け、そのうち一派を県知事官舎に向かわせ知事を暗殺する。もう一派は通信網を遮断すべく、新聞社を襲い印刷機などを壊し、さらに別の一派が郵便局の電信を破壊する。さらに一派は松江検事正官舎を襲い暗殺する。もう一派は松江発電所の送電装置を破壊する。さらに火薬の調達のため、大野火薬店を襲撃する一派。女子隊員たちの役目は市民への檄文配布であった。一斉蜂起は午前二時四十分としていた。

岡崎の指令が飛び、各派はリーダーとともにそれぞれの役目に向かっていた。途中警官に見つかった県庁焼き討ち派は予定を早めて県庁に忍び込み、いきなり火をつけた。予定より二十分早い。県知事官舎襲撃派は隣人に騒がれて失敗した。この事件の唯一の死者は城内の二の丸下段にあった数軒の茶店の一つの主人、曽田完氏であった。県庁から出る煙に気づき、向かったその時に暴漢らに出会い、殺されてしまった。その他の派は暗殺などには失敗したが、新聞社や変電所の機械などを壊した。その後義勇軍は全国に決起を促そうと床几山の松江放送局を襲ったが、これには放送局長の強い拒否にあい、押し問答をしているところを警官と軍隊により鎮圧された。

　平和そうな松江でそんなクーデターまがいの事件が起き、県庁まで焼かれてしまったというのは今の時代

4代目県庁炎上

には信じがたいものである。しかしそれは実際に起き、フレンチルネッサンス様式の立派な第三代目島根県庁舎は消滅した。そして唯一松江城山内の茶店の主人一人が犠牲になってこの事件は終結した。この事件を起こした首謀者たちはその後服役を終え、様々な地で新たな活躍の場を持った人も多い。

島根県の誕生とともに県庁舎

現在の県庁舎は五代目になる。三代目と四代目は火災によって焼失した。特に三代目はこれぞ近代建築といえる立派な洋風様式建築であったが、前述したように焼打ちに遭ってしまい、悲劇的な末路を辿った。それは松江騒擾事件として伝えられているが、詳細を知る人も少なくなったことだろう。

明治四年（一八七一）七月十四日の廃藩置県により松江県が誕生し行政全般を担うこととなった。同年十一月十五日に松江藩、母里藩、広瀬藩が合併され名前は島根県と改められた。県の行政機関として必要となった最初の県庁舎は、松江城三の丸南側にあった旧藩主嗣子の松平直応《まつだいらなおたか》邸を改修することになった。新庁舎は四面にガラス扉を持つモダンなもので、明治七年（一八七四）七月六日に開庁した。この最初の県庁舎は平面図も残っていて間取りも分かる。最初は警察機能もここに同居していたこともあって、お白洲のような取り調べの場まで設けられていたようだ。

　ここでガラスについて述べたい。日本でも昔からガラスは作っていた、古代の副葬品などにもガラス玉があったぐらいだ。しかし建築に用いられる窓にはめる板ガラスの歴史は意外に浅く、日本では明治六年（一八七三）に板ガラス製造工場が作られたもののすぐに立ち行かなくなり、大正元年にやっと工業化による大量生産が軌道に乗り始めた。それが旭硝子であり、創始者は岩崎俊弥であった。それまでの板ガラスはほとんどを輸入に頼っていた。但し、瓶・食器類のガラス製品は日本製が順調につくられていった。従って初代県庁舎に用いられたと言われるガラス扉も輸入品だったと予想される。

　明治六年（一八七三）にはこれまで太陰太陽暦を使って

初代県庁舎（島根県蔵）

いた日本の暦だと諸外国と日にちのずれが生じるため、列国と条約を結ぶ際の日付を同じくする必要もあって太陽暦に改められた。その手法は明治五年（一八七二）の十二月一日の翌日をいきなり明治六年（一八七三）の一月一日とする荒業だった。この時ほぼ一月がずれて新暦が始まったため、今でも旧暦は一月遅れで片付けられてしまう因習が生じた。この年には一週間の概念も導入され日曜日と言う休日も設定された。さらに同年にはキリスト教も認められ、宗教的な開放が行われた。

そのように社会的な制度の変革が行われる中、同年八月には島根県と鳥取県が合併され、大島根県が誕生することにより、島根県庁は行政職員の増員を図る必要があった。

二代目の県庁舎は西南戦争も終わり、一応内乱

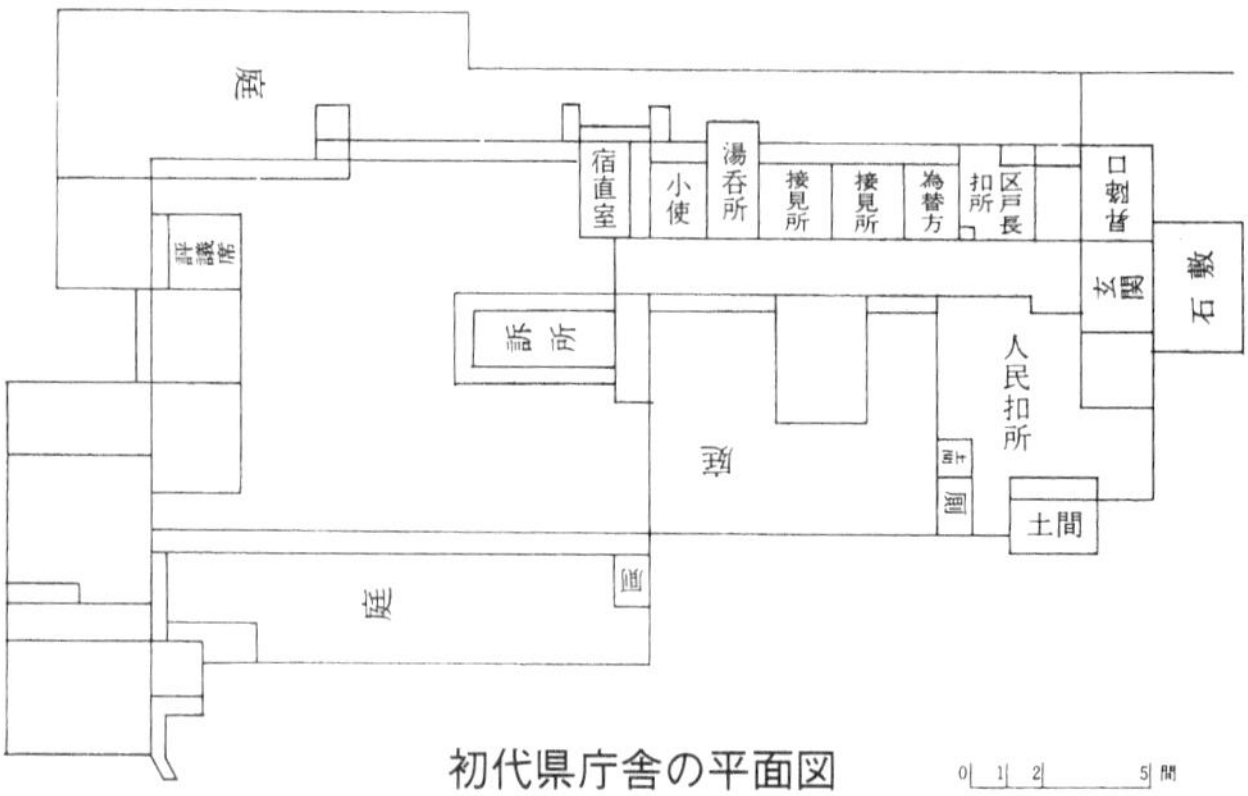

初代県庁舎の平面図

が平定されたころの明治十二年（一八七九）二月に新築された。そのデザインは現「興雲閣」と酷似している。左右対称の正面には突き出した三角屋根の玄関部分があり、二階は四方をぐるりとバルコニーが巡っている。写真では見えないが、裏側にも巡っている。このデザインは現在も残る大阪造幣局の「泉布館」とも類似する。これはいわゆるベランダコロニアル形式と呼ばれる外国人居留者たちが広めていった建築形式であり、それをそのまま官庁建築に応用していったものであった。明治初期には日本各地にこの形式が広まり、主に官庁建築に用いられた。島根県庁の設計に携わったのは藩政時代に作事方を務め、そのまま県庁職員になった技術者松村團次らだったようだ。彼の名前は明治十二、十三年（一八七九、八〇）の島根県施設録に見られ、県庁新築工事における働きに対し、数人の職員とともに褒章がなされていた。興雲閣については後述するが、二代目県庁とは初見では分からないぐらい酷似し、正面の出っ張り部分の位置や窓の形、懸魚のありなし、玄関の位置などでやっと違いが分かる。松村團次は明治三十六年（一九〇三）の興雲閣建設工事においても工事監督を行い、県の文書には興雲閣を松江市が建築し、設計は島根県職員が主任官となり松江市から委嘱されたとなっている。このことから設計、工事監理が松村によってなされた可能性が高いと思われる。

２代目島根県庁舎（今岡ガクブチ店蔵）

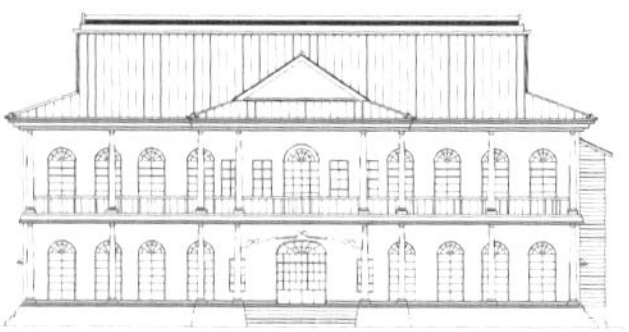

正面

側面

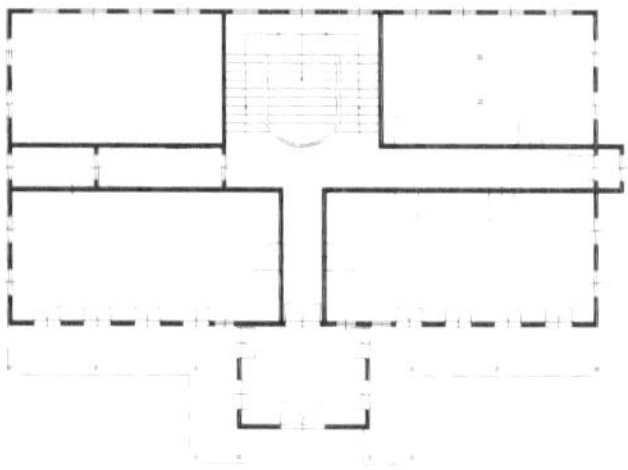

1階

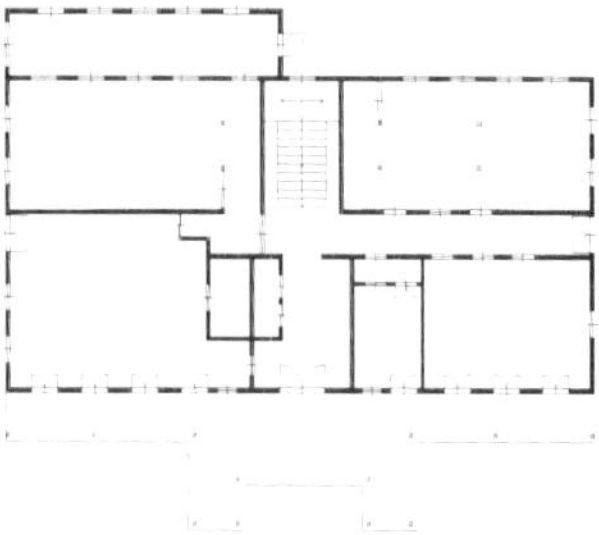

2階

2代目県庁舎平立面図

議会議事堂などは隣接して建設され、警察機能も明治十三年（一八八〇）には独立した松江警察署も建設された。しかし明治三十年代になると二代目県庁舎もかなり手狭となってきた。

ルネッサンス様式の三代目庁舎

三代目島根県庁舎は、明治三十九年（一九〇六）三月から建替えの話が起こり、県議会でもそのための委員会が設けられた。兵庫、奈良、京都、岡山、香川の県庁舎を見学しつつ新たな庁舎像が作られていった。そして京都府庁舎を手本として建てることが決まった。三代目庁舎は明治四十年（一九〇七）九月に起工し、明治四十二年（一九〇九）三月一日に藩政時代の三の丸、現県庁舎の位置に新築された。その建物はフレンチルネッサンス様式でロの字型間取の壮大な建築であった。建築に携わったのは、松村團次の同僚でもあった県職員の西村義抽が分かっているが、この人物が設計までしたかどうかは特定できていない。おそらく中央の名のある設計者に依頼したのではないかと推測される。玄関ポーチなどを見ると木造の柱が用いられているようだが壁に煉瓦が用い

3代目県庁舎（松江歴史館蔵）

モデルとなった旧京都府庁舎

られているかどうかよくわからない。三代目県庁は写真にもあるように本格的な欧風様式建築であり威風堂々と言えるものでもある。現在も残れば文化財としてもまさに一級の建造物であったろうが、残念ながら最初に触れたように、昭和二十年（一九四五）八月に焼打ちに遭って焼失した。

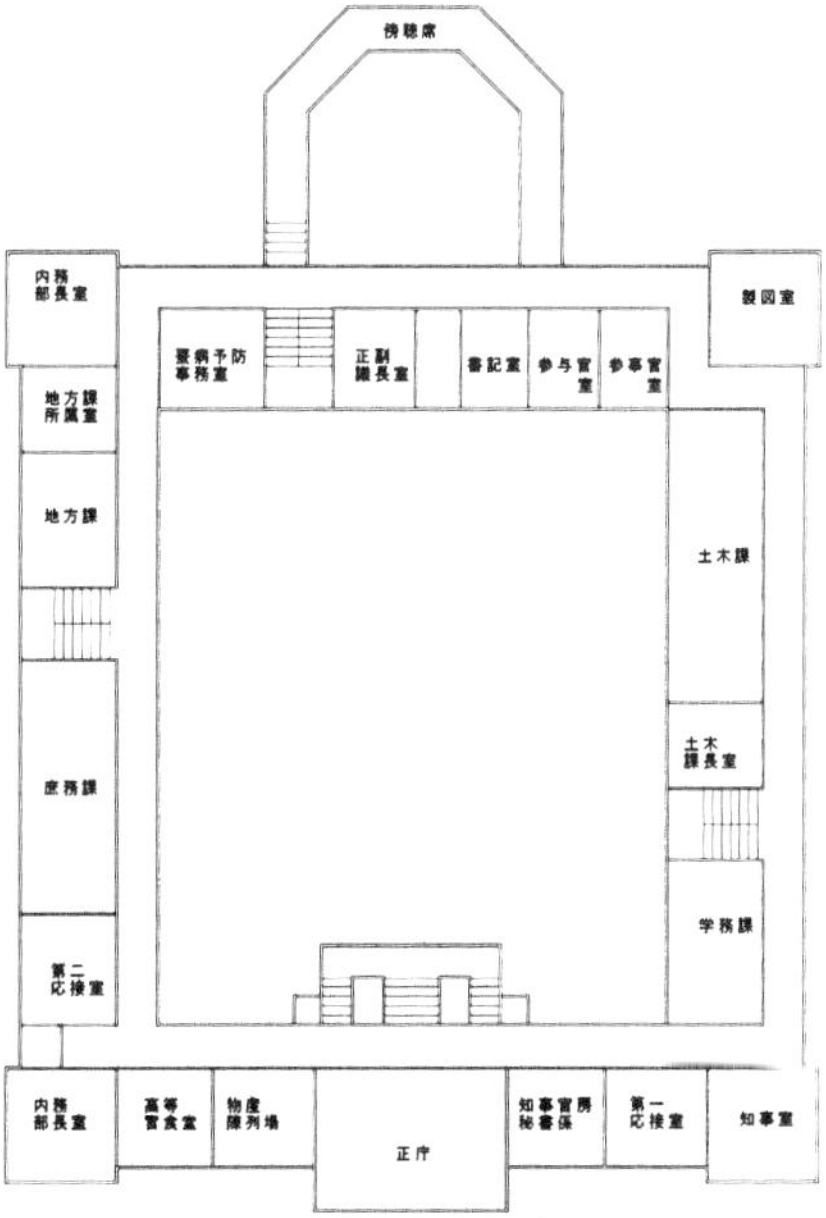

3代目県庁舎　1階平面図

モダニズム建築の聖地を作った県庁周辺整備計画

その後すぐに新県庁の建設計画が始まり、昭和二十六年（一九五一）四代目となる新県庁舎が再建された。その庁舎の写真は残念ながらほとんど残っていない。唯一残った写真を見ると火事場の後の再建を急いだだけの、きわめて装飾性の低い無機質の建物に見える。皮肉なことに四代目県庁舎も昭和三十一年（一九五六）十二月、原因不明の火災によって焼失する。そのあと再建されたのが、現在も旧三の丸に建っている鉄筋コンクリート造の地下二階地上六階建ての新庁舎であった。着工は昭和三十二年（一九五七）九月、竣工は昭和三十四年（一九五九）一月であった。新庁舎の設計は旧建設省営繕部に委ねられ、設計技術者の一人であった邑南町出身の安《やす》田《だ》臣《かたし》が担当した。ピロティで持ち上げられたコンクリート建築は当時流行のインターナショナルスタイルともいうべきものであり、現在では昭和のモダニズム建築と位置付けられるものでもあった。後にも取り上げるが、この県庁舎を中心として県庁周辺には県民会館、県立博物館（現竹島記念館）、県立図

4代目県庁舎（島根県蔵）

島根県庁舎の歴史

	建築年	建築種別	構造・階数	設計者	特徴	その他
初代庁舎	明治7年（1874）	改修	木造平屋	不詳	旧松平直応邸の再利用	三の丸南側
2代目	明治12年（1879）	新築	木造2階		擬洋風ベランダコロニアル	現教育庁あたり
3代目	明治42年（1909）	新築	木造2階	不詳	ルネッサンス様式	昭和20年焼失
4代目	昭和26年（1951）	新築	2階	島根県技師	不明	昭和31年焼失
5代目	昭和34年（1959）	新築	RC造6階	安田臣	モダニズム建築	現庁舎

5代目県庁舎（島根県蔵）

書館、県立武道館、警察本部、島根県合同庁舎などが、高名な作庭家重森完途設計の県庁庭園と共に県庁周辺整備計画の下に進められた。この県庁周辺の整備は建築学会の学会賞を受けることになり、さらに令和元年（二〇一九）にはこのなかの県庁建築などが国登録文化財に登録された。この県庁周辺のモダニズム建築群については後の項で詳述する。

第2章　乱立した銀行の物語

松江銀行は山陰のガリバー銀行に

松江銀行を創設した松本歓次郎は天保十年（一八三九）境港に生まれた。彼は六十五年の生涯を通じ、地方の産業経済の発展に尽くした。商いに醤油、綿、肥料などを扱い、薬用人参をも扱った。廃藩後県の管理下に移っていた人参方を、大阪の五代友厚から出資を得て払い下げを受けた。人参方に居を定め、雲州第一人参製造会社は明治十年（一八七七）には内国勧業博覧会において賞牌を授与されている。明治七年（一八七四）には東出雲町の宝満山鉱山を経営し、さらに麻布紡績も行っている。松江銀行の営業開始は明治二十二年（一八八九）十一月三日に天神町においてであった。さらに明治二十九年（一八九六）四月に白潟町において山陰貯蓄銀行を設立し、明治三十二年（一八九九）には松江銀行を設立した。そんな折の明治二十六年（一八

九三）十月、松江を未曽有の大洪水が襲った。多くの市民が家ごと流され、多くの市民が亡くなり、多くの孤児が生まれた。助けに乗り出した一人が歓次郎であり、米を大量に買い付け市民に安く提供した。さらに市内各所に救助所を設立し救助の先頭に立った。このとき小泉八雲も熊本から義援金五十円を送っている。松江銀行はその後県内各地の銀行を合併・買収し成長していった。明治三十六年

松江銀行本店　明治36年（1903）
（松江歴史館蔵）

雲州第一人参製造会社『山陰道商工便覧』（松江歴史館蔵）

（一九〇三）には松江銀行本店が落成し、十一月三日から営業を開始している。この本店建物は木造二階建てで大正八年（一九一九）に移築して大田支店となり、平成十二年（二〇〇〇）に大森銀山入口に移設・改修され中村ブレイスの「なかむら館」として現存している。松江銀行はやがて米子銀行とも合併して山陰合同銀行となり、山陰のガリバー銀行として現在に続いている。

武士のなけなしの金を銀行に

明治維新は徳川幕府が作り上げたあらゆるものの否定であった。金融関係においても例外ではなく、貨幣の改正、地租改正が行われ物納が金納となった。しかし、もともと米での年貢や物々交換が原則であった農民は困窮を極めた。県は為替型に小野組、島田組、三井組などを指定し、米をお金に換金させようとしたが、それはうまくいかなかった。

武士の身分もはく奪され四民平等の名のもとに、これまで藩から得ていた俸給もすべてなくなった。武士は新政府から身分に応じた金禄公債が支給された。武士から家禄を奉還する代わりの見舞金という類のものだろうか。その金を新しい銀行に投資する旧武士は多かったが、商売に慣れぬ武士たちは失敗することが多かった。そういった士族たちには帰農を勧め、養蚕・製糸業への道も開かれた。

殖産興業、文明開化、富国強兵の旗印の下、大きな変化を見せる地方の実情・経済を助けるために金融制度も徐々に整備され、発展していった。当初県為替方が金融機関として重要な役割を果たしていたが、明治五年（一八七二）には国立銀行条例が成立し、わが国初の銀行制度ができることになる。やがて華族・士族の金禄を出資にあてさせ、全国各地に国立銀行が設立されて、明治十二年（一八七九）には一五三行に達した。島根県でも松江第七十九、津和野第五十三の二つの国立銀行が設立された。これらは国立の名を関しているが、法に基づく名前

島根県農工銀行　明治31年（1898）（松江歴史館蔵）

であって、実態は私立の銀行であった。しかし、国立銀行ではない私立銀行も乱立し、それらを法的に秩序付ける必要もあって明治二十三年（一八九〇）には銀行条例が公付され、同じ年に貯蓄銀行条例も交付された。明治二十六年（一八九三）には二法が施行されている。そしてそれも全国的に乱立していき、出雲西簸川郡商業金融や民衆の貯蓄機関が整備されていった。西浜商人のための西浜銀行などの個性豊かな銀行もあった。それに続き農・工業の改善発達を図るため、長期で低利の融資を行う日本勧業銀行法と農工銀行法が明治二十九年（一八九六）四月に公布され、それに基づき農工銀行が各県に一行設立されていった。島根県では明治三十一年（一八九八）九月島根県農工銀行が岡崎運兵衛を頭取として、殿町に開業した。

松江は山陰のウォール街

明治は様々な近代的スタイルの銀行乱立の時でもあったが、その中でも松江の南殿町界隈から京店にかけて、県内でも大手の銀行が立ち並ぶようになった。しかし、ある時期から各地の銀行は吸収されたり合併されたりが盛んになり、最終的に島根県の多くの銀行は、大手銀行を除きほとんどが松江銀行に集約されることとなった。そして松江銀行は米子銀行と合併し、山陰合同銀行が誕生する。

南殿町界隈に銀行が集中したのは、藩政時代は三谷家老や神谷家老の屋敷に囲まれた勢溜りに、大正七年（一九一八）に日本銀行松江支店が建設されたことによる。日銀を取り巻くように近所に山陰貯蓄銀行本店、島根県農工銀行、第三国立銀行松江支店、八束銀行本店などが建てられていった。

日本銀行松江支店は松江の繁栄を映す

第一次世界大戦による好景気がようやく山陰地方にも波及してきたころの大正七年（一九一八）三月、日本銀行松江支店が落成した。木造平屋建て一部二階建てで、外壁に化粧煉瓦を張っていた。それに煉瓦造二階建ての金庫室と付属屋で構成されていた。設計は日本銀行技手の平沼浅一で、彼は辰野金吾、長野宇平次に育てられた第三世代の建築家であり、西欧古典様式をしっかり踏襲したデザインであった。日銀松江支店は中国・四国で広島に次ぎ二番目に建てられた。しかし、軟弱地盤に基礎工事の不備が重な

初代日銀松江支店　大正7年（1918）（松江歴史館蔵）

初代松江支店平面図

2代目日銀松江支店　昭和12年（1937）

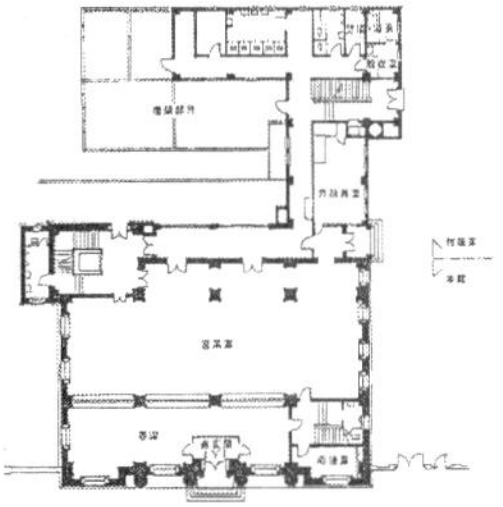

1階平面

2階平面

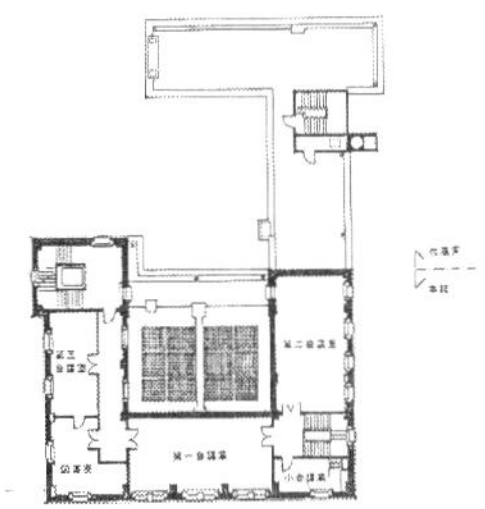

3階平面

地階平面

2代目松江支店平面図

り、金庫室が沈み始めた。また職員の増員で著しく手狭になったことも加わり、鉄筋コンクリート造ですべて建て直すことになり、昭和十一年（一九三六）十一月に着工した。現地建て替えは日銀でも初の試みであり、二年以上の工期を見込んでいたが、敷地の拡充ができたこともあって、昭和十二年（一九三七）に竣工した。軟弱地盤のため厚い基礎底版の下に長さ一三mのコンクリート杭を二十七本打ったと記録されている。たぶん、島根県では初のコンクリート杭であったと思われる。カラコロ工房として再生される際、壁を一部壊したが、壁や床のコンクリートの中には厚さ三cmの鉄板が四周に埋め込まれていた。設計は日本銀行臨時建築部技師長に戻っていた長野宇平治に委ねられた。それは鉄筋コンクリート造三階建て、地下一階の建物でギリシャ風の付け柱（オーダー）を正面部に四本持ち、石積風の外観を持つ様式建築であった。内部は大理石に覆われ、天井はガラスブロックを用いたトップライトによって光を取り入れ、執務室の上には二階のバルコニーが巡っていた。一階の玄関を入ると厳めしい鉄格子の衝立が客溜と営業室を遮断していた。エレベーターを

2代目松江支店　執務柵

設けたビルは松江では最初であった。二階には暖炉を設けた支店長室や休憩のためのビリヤード室まであった。地下は金庫室でアメリカ製の頑丈な金庫で守られていた。しかし、昭和四十七年（一九七二）の京橋川の氾濫で地下金庫室が浸水し、その後も地下水の侵入があった。そのため母衣町の日赤病院跡地を購入し、昭和五十六年（一九八一）四月に三代目支店建物が竣工し現在もそこで営業している。二代目の旧支店建物は島根県の所有となり、昭和三十六年（一九六一）には取り壊し計画が発表されたものの、市民有志による保存運動もあって県から松江市に譲渡された同建物は、平成十二年（二〇〇〇）四月に「匠」をテーマとした製造・販売一体型の観光施設「カラコロ工房」としてオープンし、今に至っている。名前の由来は小泉八雲が心を惹かれたという、大橋を渡る下駄のカラコロと言う音にちなんでいる。

かげやま呉服店（旧第三国立銀行）とその他の銀行

第三国立銀行松江支店は明治十七年（一八八四）に京店に建設されたが、明治三十六年（一九〇三）に建替えられ、その建物は現在かげやま呉服店として現存している。初

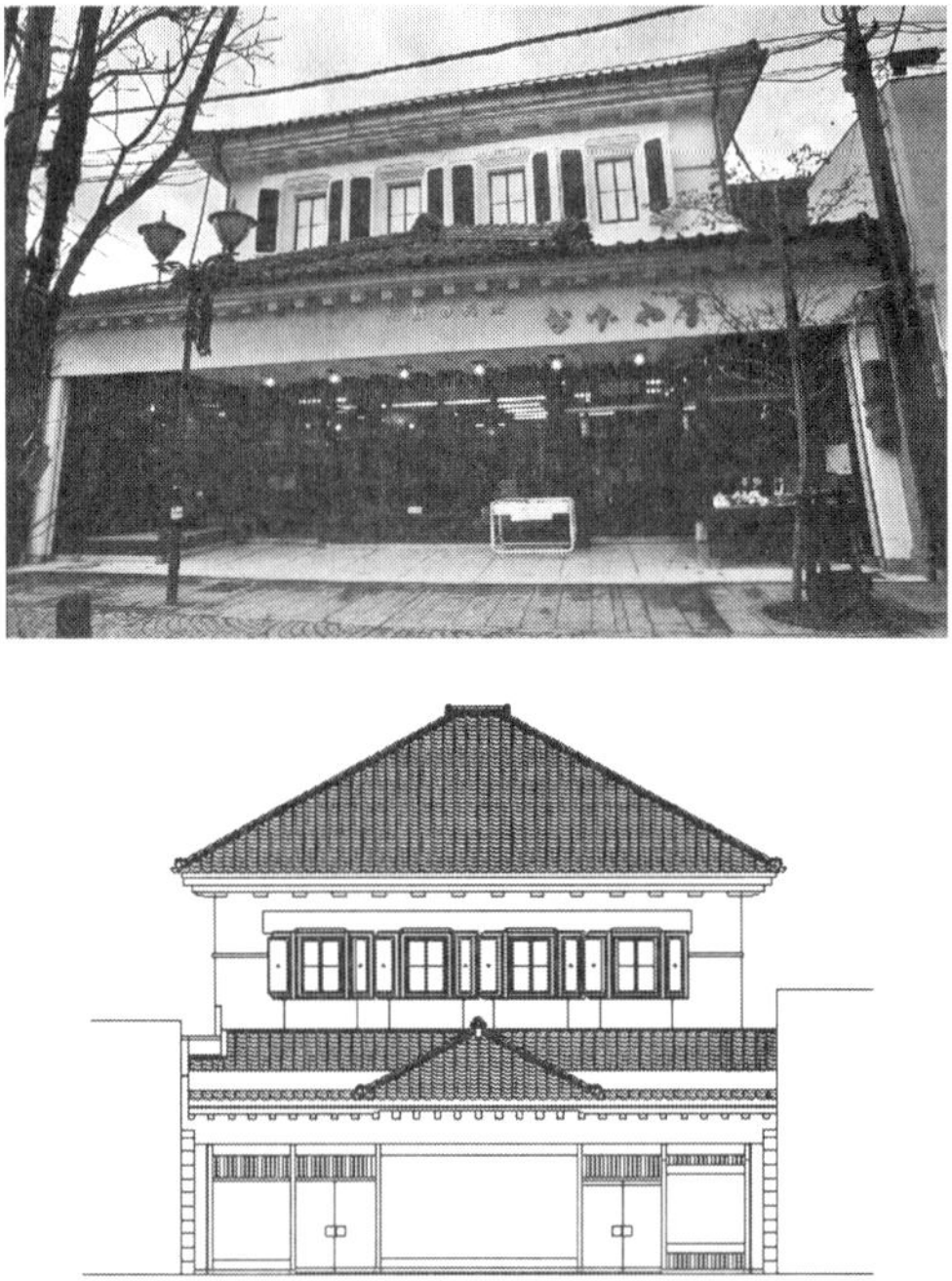

かげやま呉服店

第3国立銀行『山陰道商工便覧』(松江歴史館蔵)

代の建物はどのような建物であったか定かではないが、二代目の現かげやま呉服店を見ると二階建て土蔵造り、瓦葺寄棟の建物であった。設計は岡田時太郎であり、彼は辰野金吾と同郷の佐賀出身で、日本銀行の技師部局にも所属していた時代があった。その時松江出身の建築家山口半六との交わりを持った可能性も指摘されている。あるいはそんな縁からこの銀行の設計にも携わったのかもしれない。

銀行は土蔵造りであり、その外観は二階部分ではほぼ保存されているが、一階のファサードは呉服店として改造された際に大きく変わっている。一階は天井も新しく張られ、元の天井よりもかなり低い位置に設けられている。階段も元は入り口に入って左側にあったものが取り払われ、奥にあるものだけになっている。天井裏にはその階段の痕跡も残っている。

島根貯蓄銀行は大正十二年（一九二三）十月殿町に建てられ、昭和十六年（一九四一）七月に山陰合同銀行に併合され、その後解体された。現カラコロ工房（旧日本銀行松江支店）の東隣にあった。

島根貯蓄銀行（今岡ガクブチ店蔵）

カラコロ美術館（旧八束銀行本店・山陰合同銀行北支店）

八束貯蓄銀行は明治四十五年（一九一二）に設立されたが、津和野五十三国立銀行、浜田銀行などを合併し大正十一年（一九二二）に貯蓄部門を切り離し、普通銀行の八束銀行となり、本店として現在のカラコロ美術館が建てられた。しかしその六、七年後には松江銀行に合併され、その後山陰合同銀行の北支店となっていた。

この建物は現在国の登録有形文化財となっているが、設計は大阪の國枝工務所所長の國枝博。当時の設計図書も保存されており、その図面にはより鮮明なアールデコ様式の細部意匠が施されているが、出来上がった現在のものにはそれらが幾分古典様式の意匠に換わっている。しかし、正面玄関部の太い六本の付け柱（オーダー）を見てもアールデコ様式の意匠が施され、簡略化されているもののアールデコ様式の建築と言って良い。正面の両端の柱が吹き寄せになっているところにもその特徴がある。内部の営業室には柱頭にアーカンサスの意匠を施しているがトスカナ式の変形であると言って良いだろう。

建設当初は東側に食堂などを持った和館が木造で設けられていたが、昭和後期にその部分は取り壊され、現在はガラスに覆われた美術館補完のための建造物が設けられている。

山陰合同銀行北支店（八束貯蓄銀行本店）

八束貯蓄銀行　正面図（安高氏提供）

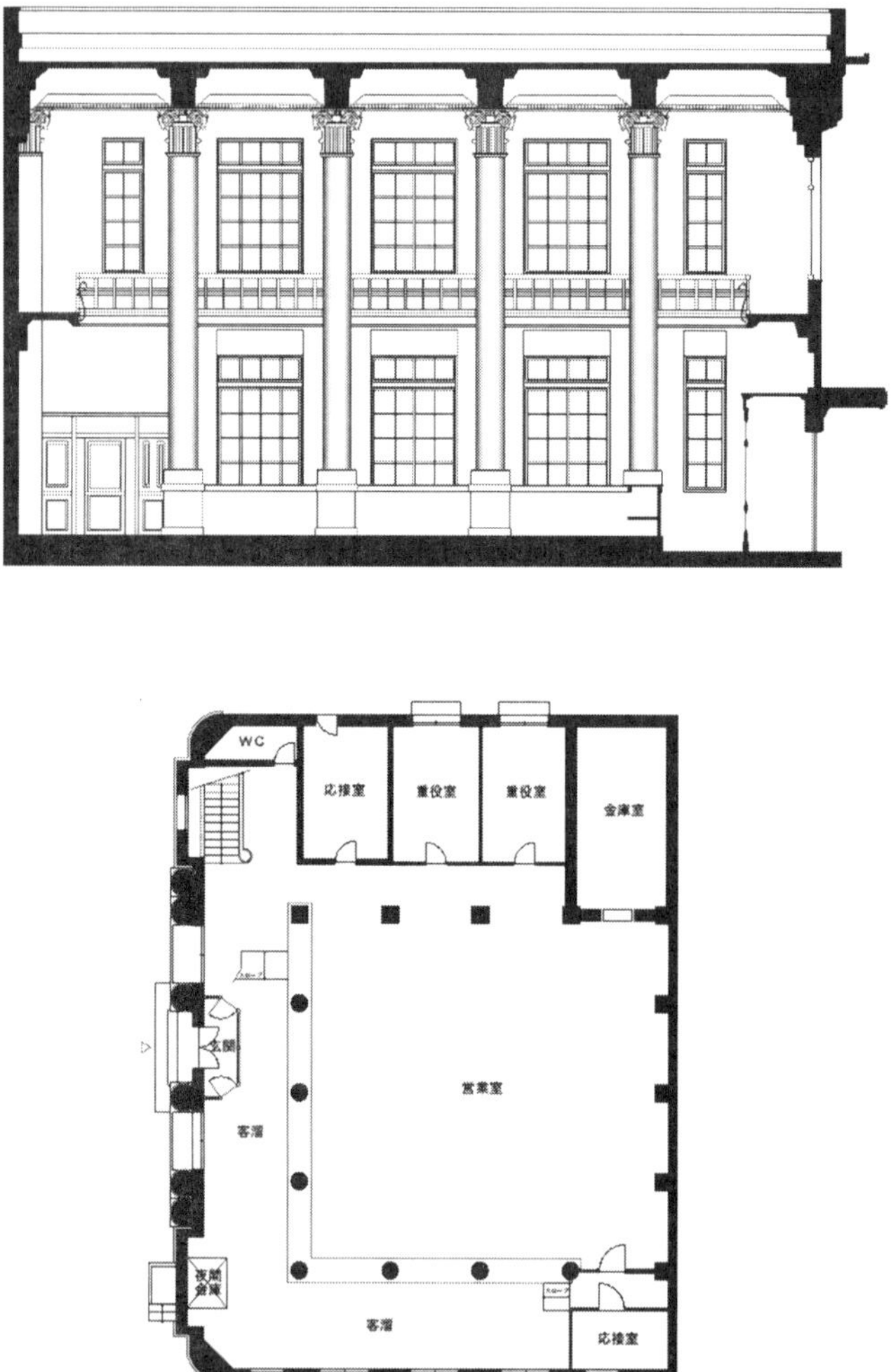

八東貯蓄銀行　断面図（上）・平面図（下）（安高氏提供）

第3章　学校は地域の誇り

藩政時代からの藩校

松江藩が松江において藩校を作っていくのは宝暦八年（一七五八）六月に創設された「文明館」からであるが、やがて天明四年（一七八四）に「明教館」と改称して蔵書も増やし、内容も充実していった。それは儒学を核としたものだったが、他にも算術を教える「算術所」もあった。その後松平治郷の時代に兵学を教える「大亨館」、医学を教える「存済館」などがあった。十代定安の時、日本は諸外国からの大きな圧力を受け、変革の時を迎えていた。それに応じ定安は旧来の教育を一新し、文武一体の学館を建てることにした。それが「文武館」であり、文久三年（一八六三）八月に成立した。文武館では洋学も取り入れ、英語、オランダ語の他にフランス語の教授も充てていた。

慶応元年（一八六五）六月、文道と武道が並列され、同等のように思われるのを良しとしなかった桃文之助は文部館を「修道館」と改称した。修道館では儒学、算術所、手習所、英学所、国学所、蘭学所、馬術所など二十二の教場、道場が集まっていたが、その後軍用方も移管され、西洋流砲術なども一緒になった。明治三年（一八七〇）には二人のフランス人、ワレットとアレグザンドルが招聘され、修道館で砲術、兵術などの他フランス語の語学伝習も行うようになった。日本初の建築家で松江出身の山口半六はここでフランス語を学び、それを基礎として、パリの工業大学（エコール・ド・サントラル）に留学し、建築を学んで帰国した。

渡部寛一郎が修道館にかけた情熱

藩校修道館は明治五年（一八七二）四月に廃止されたが、明治二十三年（一八九〇）になって雑賀町出身の渡部寛一郎によって私立修道館として復活した。彼は教育者であるが官学に限界を感じ、新たな私学「進取学館」を殿町の一角に開設した。明治二十三年（一八九〇）進取学館は福岡世徳《つきのり》らが設立した「松江義塾」と合併し、修道館となって南田町に設立され

渡部寛一郎（個人蔵）

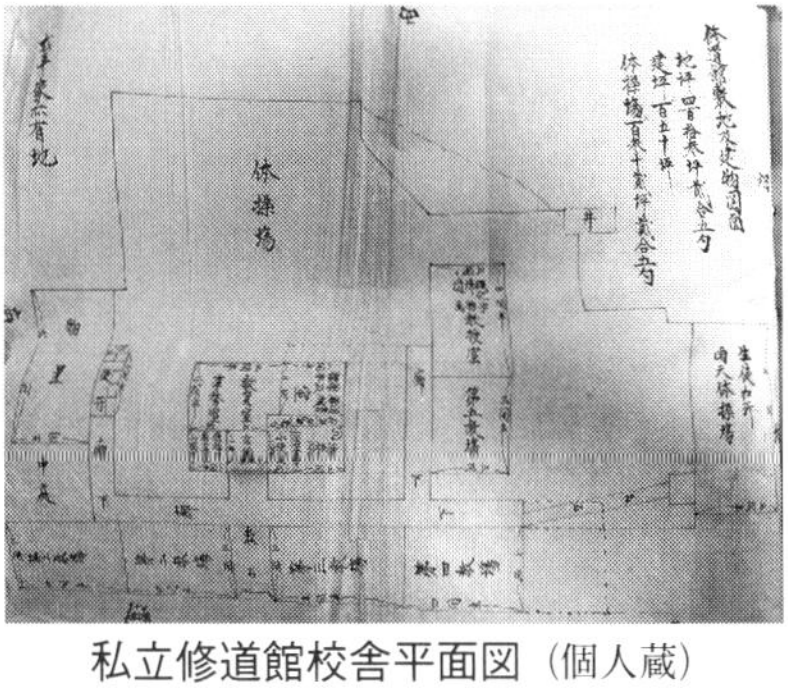

私立修道館校舎平面図（個人蔵）

修道館（個人蔵）

た。そこは藩政時代に木の実方が置かれていた場所で、三島佐治右衛門家所有となっていた。その敷地の一部を借りて私立修道館は開校した。修道館は一部新築されたものと思われ、明治の学校建築を思わせる建築図面と、その建物と思われる写真も確認できた。現在その建物の痕跡は残っていないが、新大橋から鍛冶橋を渡って北進する左手に建っていたと思われる。その道路向かいに現存する米田酒造の倉庫は、修道館の一部あるいは木の実方の一部を曳家移築したものと伝えられている。

私立修道館を開設した渡部寛一郎は、男子部本科（四か年）と女子部本科（四か年）も設けた。松江藩の藩校の名称であった、「修道館」をあえて校名に用いたのは彼の強い心情と教育方針によるものだった。私立修道館には文武両道の気概も高かったようで、漕艇部は現在も続いている琵琶湖レガッタにも参加した写真が残っている。

しかし、日露戦争などの後、日本にも実業教育振興の声が高まり、経営上の維持困難にも直面していたこともあって、県の要請を受けて学校を県に移管し、「島根県立工業学校修道館」として明治四十年（一九〇七）に開校した。その後、松江市大正町に校舎は移り、最後に現在の古志原町の連隊跡に移転した。校名から「修道館」の名前が消えたのは昭和十九年（一九四四）のことであった。教育に情熱を持ち、男子も女子も平等に教育を受けることのできる理想の教育を掲げた渡部寛一郎の精神は忘れられることは無いだろう。

学校は地域の誇り

松江藩の教育は明治四年（一八七一）をもって大転換を為す。これまでの「学問は武士のためのもの」という考えから「すべての人に必要なもの」で個人のためになすものという考え方にと変えた。それは同年七月の廃藩置県の直前のことであった。この方針の転換を受けて、藩内すべての寺子屋・私塾を「教導所」と名称を変更し市民に藩校を解放した。また同年十月からは普門院、千手院はじめ四社寺に女学校が設けられた。郡部には小学校に先立ち郷校が作られたが、廃藩置県によって明治五年（一八七二）四月三十日、修道館をはじめ、旧藩のすべての学校、郷校、教導所、女学校は閉校された。

明治政府が掲げた政策の一つに国民皆教育がある。その考えを元に明治五年（一八七二）、太政官布告で学制が交付され、明治六年（一八七三）四月に第一中学区第一番小学校として、松江には雑賀小学校が開校したのを皮切りに、各地に学校の建設ラッシュが始まった。人口六百人に一校という割合で建てられ、その建設も運営も地元の住民負担だったから、地元の誇りと子供たちの教育促進という情熱で進められたものの、かなりの住民負担となった。

しかし明治十四年（一八八一）秋の文部省の巡視によりまとめられた「学事巡視功程」の報告書の中では学校はほぼ各村にて開設されていると評価されている。県下に今だ五一二二もの町村があった時代である。ただ、学校といっても寺院や神社、民家を代用したものが多く、校舎として見えるようなものは少なかった。なお町村は明治二十二年（一八八九）県令によって合併され、松江市制もこの時から始まる。

尋常高等小学校卒業式（大正時代）

明治になって全ての子供が教育を受けられるよう、全国の村々にも尋常小学校が建設されていく。それらの建設のほとんどは地方の有力者や地域住民の寄付によって建設費が賄われ、教育と学校が地域の誇りとなっていった。ともあれ、これだけの数の学校ができるからにはそれに見合う教員が必要であり、若槻礼次郎も八束郡大谷小学校の代用教員として明治十四年（一八八一）から務めている。

ヘルン校舎の変遷

学校の爆発的な増加とそれに伴う教員の需要増加を満たすことは急務であった。殿町の現県民会館の位置に藩政時代に家老も務めた大野舎人の旧宅があり、そこに明治八年（一八七五）島根県小学教員伝習校・附属小学校が創設され、明治九年（一八七六）に松江師範学校となった。教員を養成する学校である。そして同じ年には、松江師範学校附属小学校が設立された。同十二年（一八七九）十一月には、現在県庁南庁舎などが建っている位置に松江中学と松江師範学校との合棟の校舎が竣工した。その後明治二十年（一八八七）に師範学校との共用校舎の西側に島根県尋常中学校が新築され、明治二十三年

（一八九〇）九月にはラフカディオ・ハーンが英語教師として就任している。この尋常中学校校舎は、明治の学校建築に特徴的な中央に吹き寄せ四本の柱を持つ車寄せを兼ねた玄関庇が設けられている。ところが屋根は珍しい寄棟となっている。外壁は下見板張りで、上げ下げ窓の細長い窓を連続させた校舎であった。尋常中学校はその後明治三十年（一八九七）に赤山に移り、校舎は松江師範学校となった。明治三十三年（一九〇〇）には寄宿舎となり、その後明治三十六年（一九〇三）には師範学校が外中原に移転する。

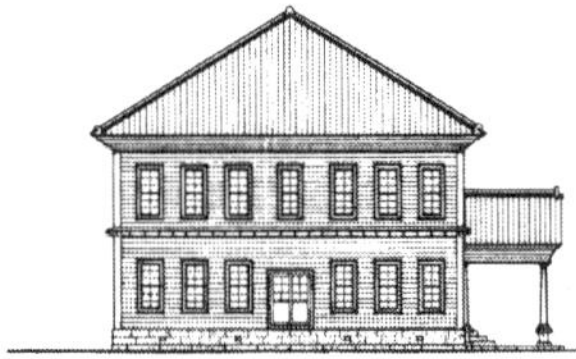

東側立面図

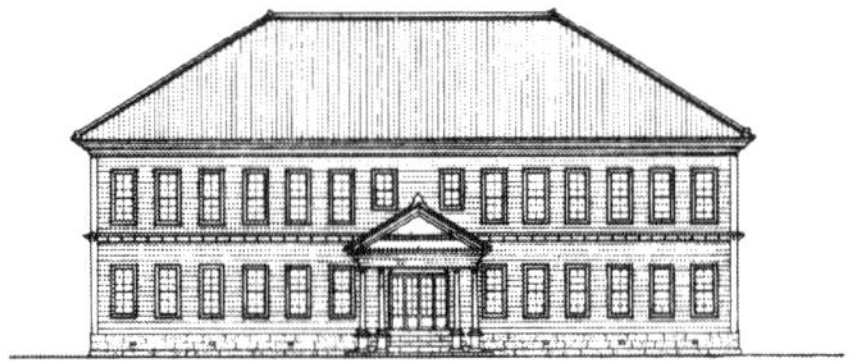

北側立面図

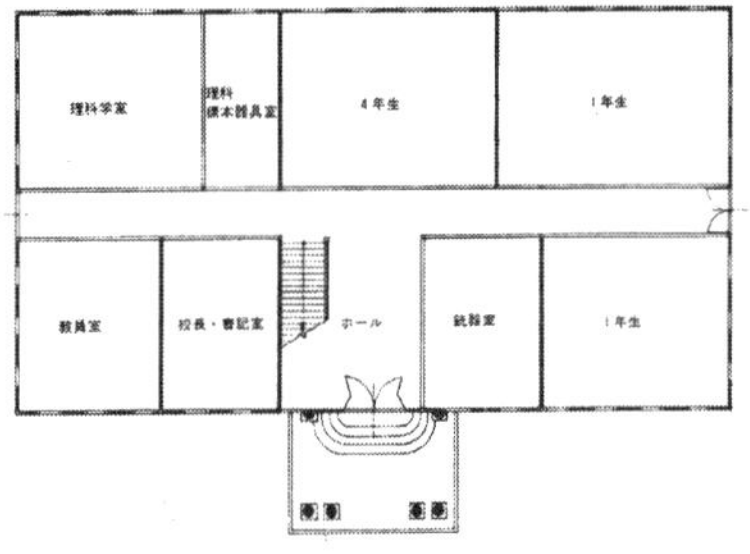

1階平面図

ヘルン校舎（島根県尋常中学校）
復元立面図

空いた明治十二年（一八七九）建築の古い校舎も明治三十七年（一九〇四）以降もしばらくは商業学校西校舎として使われるが、昭和三年（一九二八）にはその商業学校も西津田に移転する。その後旧師範学校校舎と尋常中学校校舎は島根県教育会に譲渡され、その時に大きく改修されて玄関部分の形も写真のように変わっている。昭和になって教育会、教育維持財団と移り、教職員組合などが置かれ、昭和五十年（一九七五）には空き家となり、取り壊されるに至ったのである。このように現在は県庁南庁舎や警察本庁舎の建っている県庁南側の一帯は師範学校など様々な学校が入れ代わり立ち代わり成立し移転し、新たな姿に替わりながら変貌を遂げてきた。市民の記憶もいつの時代にどういう姿であったのかを思い出すことができにくいほど複雑な変化を遂げてきているのである。

旧制松江中学

松江師範学校　外中原（現教育会館）
明治37年（1904）竣工

松江法律学校 母衣町（現日本赤十字病院）明治23年（1890）開校
校長　桑原洋次郎　明治25年（1892）閉校（松江歴史館蔵）

松江高等学校　西川津（現島根大学）大正9年（1920）竣工
（松江歴史館蔵）

県立盲唖学校　母衣町　福田与志創設　明治38年（1905）5月
（松江歴史館蔵）

第4章　医療の近代化と伝染病との闘い

明治中期医学をリードした田野俊貞

明治二十四年（一八九一）一月ラフカディオ・ハーンは高熱と激しい咳に苦しみ、田野俊貞医師の往診を受けた。ほどなく熱も下がり、田野医院に行き診断を受けたが、その時田野医師からあるものを見せられた。それはギリシャの医聖ヒポクラテスの半身像で、荒川亀斎が彫刻したものであった。しかしこれを見てハーンは髭が縮れていないとかいろいろケチをつけ、挙句は原画がヒポクラテスではないのでは、などと批評した。ヒポクラテス像の彫刻は田野家に伝わっている。亀斎の彫刻力をその迫力の中に秘めているものと思われる像であるが、ハーンに掛かってはそんな批評だったのだ。だが、ハーンにとって田野医師は、松江における信頼の置ける医師であり友人であった。

田野俊貞は栃木県に生まれた。東京大学医学部の前身である大学東校に学んでいる。その後名古屋の公立愛知病院医学校に勤務し、その後生涯にわたっての交友を持つことになる後藤新平と知り合った。そして明治十七年（一八八四）には島根県医学校の開校の際に招聘されて松江に勤務することとなった。明治十八年（一八八五）に田野俊貞は医学校を依願退職し、明治十九年（一八八六）六月、苧町に「安仁堂」と称した医学生養成の私塾を兼ねた病院（田野医院）を開業した。その安仁堂こそは、坪内春同が独立の際に苧町に建てて医療や種痘を施した苧町医院であった。田野俊貞はその建物を譲り受けて、私塾を兼ねた病院とし、その後永井寛（永井隆の父親）などを育てつつ、昭和の時代に至るまで医院は続いていた。

　この田野医師ら明治の医師たちは、文明開化とともに流れ込んでくる新しい医療技術を取り入れたが、大流行を繰り返す伝染病などとの闘いにも身を削っていかなければならなかった。天然痘は世界各地で何度も流行を繰り返しているが、日本でも平安時代の頃の発生の記録もある恐ろしい伝染病であった。この病気に対してはイギリスのエドワード・ジェンナーが牛痘病に罹った牛の膿を人に移して抗体とする牛痘法を考案したのが一七九六年。日本にも長崎を通じて牛痘が導入されるが、軌道に乗るのは明治になってからであった。松江においては嘉永六年（一八五三）町医錦織春象によって寺町で始められたのが最初であった。日本の中でも最も早

田野医院

く種痘を取り入れた藩の一つが松江藩であり、その効果は大きかった。

しかし医師たちは幕末ごろから新たな複数の伝染病の流行に立ち向かっていかなければならなかった。これらは最初文政五年（一八二二）にオランダ人によってもたらされた。やがて外国人が多く日本に入り込むことによって、ジフテリア、チフス、赤痢などがたびたび流行した。特にコレラは致死率が高く、非常に恐れられ、松江では明治十年（一八七七）、十二年（一八七九）、十四～十五年（一八八一～一八八二）、二十三～二十四年（一八九〇～一八九一）、二十八年（一八九五）と激しい流行があり、特に明治十二年（一八七九）は罹患者三三一三人の中で死亡者は二一四九人にも上った。特効薬のない時代でもあり、医師たちの苦闘は続いた。伝染病を規定して届け出、排せつ物の処理方法、死体の埋葬方法、溝の掃除、検疫医院の設置、群衆の禁止などを定め注意喚起を行った。なかでも飲料水の問題を考えていた。松江はまちの近くには飲める水の流れる川はほとんど無く、汽水湖である宍道湖から堀に流れる水も塩分を含んでいた。井戸も鉄気の多い水が出ることが多く、それを濾して貯め水して飲んだりしていたため、衛生上の問題があると考えた。そこで医師たちが行政に切望したのは上水道の敷設であった。田野医師は旧友でもあった後藤新平にも相談し、上水道敷設設計のための調査としてまずW・K・バルトンを松江に招じ、水源調査と敷設のための工事概算を見積もってもらった。しかしその概算は松江市の年間予算をも大幅に上回るものであって、そのときは断念せざるを得なかった。明治四十年（一九〇七）ごろになって敷設計画が再び持ち上がるまで計画は凍結となった。その後伝染病の大きな流行は防ぎ得ていたが、医師たちの奮闘は給水の始まる大正七年（一九一八）ごろまで続いた。

松江藩の医学

松江藩では文化三年（一八〇六）に北堀町に医学校「存済館《そんさいかん》」を創設し、代々山本

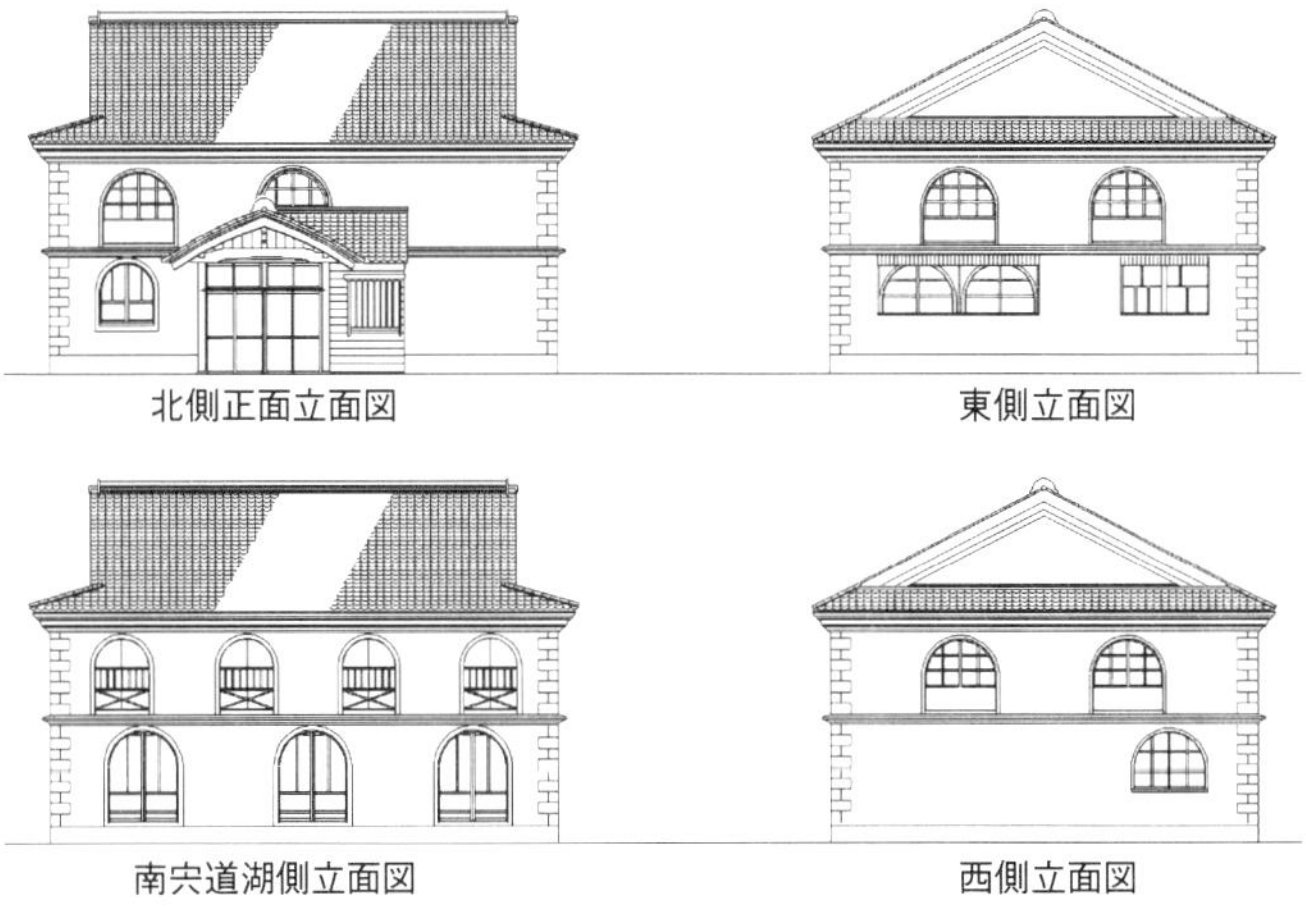

旧田野医院立面図

電信分局（洋風の建物）
（松江歴史館蔵）

松江病院と京橋明治末頃
（今岡ガクブチ店蔵）

家が教授を務めてきた。第十代松江藩主（最後の藩主）松平定安は、文久元年（一八六一）から医師を次々と各地の病院に藩費留学させ、オランダ医師からは最新の西洋医学を学ばせた。慶応三年（一八六七）十月、留学中の医師に帰国命令を出し、藩校「修道館」の「洋学所」において、長崎留学から帰国した田代響平が西洋医学を講じた。明治三年（一八七〇）「存済館」を廃止し、殿町に「本病院」を作り、院内に「医学教授所」を設けた。さらに同年十一月、規模を拡大して「医学校」を設け、病院をその付属とした。というように医学に関してはかなり積極的に病院や医学校を作っていったと思われる。

明治初期の松江の西洋医学をリードした二人の医師がいる。その一人田代嚮平は明和七年（一七七〇）に松江藩ご医師として召し抱えられた田代玄閑の曽孫にあたり、明治維新当時医師として非常に活躍した。初代県立病院長に就任し、松江医師組合長となったが、その後魚町で開業医となりやがて灘町に移転し、それが灘町医院として知られるようになった。そして坪内春同は幕末には長崎でボールドウィンにも学んだ医師であるが、明治二年（一八六九）から明治五年（一八七二）にかけて松江藩立病院の医師となった。しかし明治六年（一八七三）には苧町にて私立病院を開業している。二人の医師が相次いで松江病院を辞めたのは辞めざるを得なかったからであった。明治四年（一八七一）廃藩置県により松江藩は島根県となり、藩立病院も県立病院となった。しかし、厳しい財政難にあえいだ県は、翌年には県立病院を廃止せざるを得ないほどに追い込まれた。そのため田代、坪内医師は私立病院を開業したのであった。灘町医院は既に存在しない。が、苧町医院はその後田野俊貞に買い取られ、田野医師はその建物を使って田野医院を設立した。安任堂もこの一部を使ったものと思われる。その建物が今も松江市役所北側にある旧田野医院建物なのだ。この史実を基にすれば旧田野医院の元の苧町病院の建設は明治六年（一八七三）となる。とすると現存する明治期の洋病院として日本一古いものとなる。この建物は詳しく調査されているが、棟札等の決定的に建築年を証明する証拠は見つかっていない。確実に日本一古い医院であることを証明するためにはさらなる調査が必要であろう。

旧田野医院建物は建築的に言えば、明治初期のいわゆる擬洋風建築の中の漆喰で外壁を塗籠めた蔵造り風建築である。日本各地の明治初期建築に同じようなつくりの建物が残っている。明治十二年（一八七九）に作られた松江電信分局の絵が『山陰道商工便覧』に載っている。松江大橋北詰めに建っていた建物だが、田野医院と同じく塗籠られた外壁のコーナーにはコーナーストンを模した左官による擬石があるのも一致している。さらに上部が半円形になっている窓が規則的に並んでいるデザインも共通し、明治期の特徴であることを示している。

島根県立病院と医学校

明治九年（一八七六）母衣町の月支蔵跡（現松江赤十字病院構内）公立病院が建設さ

れた。そこには医学を学ぶ生徒のためのカリキュラムも組まれていた。明治十二年（一八七九）には松江でもコレラの大流行が発生し、その対策に追われたが病院を松江病院と改名した。一〇〇名の生徒を募集している。そして明治十七年（一八八四）宇都宮病院の院長であった田野俊貞を松江病院の院長として迎えた。そこで松江医学校が成立し、その付属として松江病院が位置付けられた。しかし、国の方針により病院の運営をほとんど県費で賄う必要があり、財政的に困窮し医学校を継続することが出来なかった。そのため明治十八年（一八八五）には田野俊邸は病院長を辞し、松江で自らの医院を開き医師の養成と患者の治療、衛生についての県民への理解を広め、伝染病の恐怖から救おうと考えた。

浅野小児科医院　松江市末次町　大正元年竣工

浅野家八代目に当たる浅野賢之助氏は東京帝大医学部を卒業し、松江に帰って後明治三十五年（一九〇二）、当時中国四国で唯一となる小児科医院を開業した。現建物は明治末期から計画され、大正元年に竣工している。棟札等は確認されていないが、竣工当時のエピソードが伝えられていて、竣工式の後に催された祝宴の最中、明治天皇崩御の知らせがあり、急遽取り止めたそうだ。当時の松江には珍しい洋館風の建物であり、窓もアメリカから取り寄せた木製上げ下げ窓であった。横張りの壁板も、当初は木で、何層にも塗り重ねられたペンキが確認されている。

浅野小児科医院正面

立花家お花柳川

　建物外部を見ると、正面柱列には両側にふくらみを持った花崗岩の柱が三本ずつある。柱は下部の三分の一にフルーティングと呼ばれる縦縞が施され、柱頭はギリシャのドリス様式を模している。窓と窓の中間部にはヴィクトリア朝の特徴でもある円形刳り型の装飾が設けられている。玄関上には手摺のついたバルコニーが乗せられている。基壇は大根島産の島石であり、この島石は外壁の腰部分にも装飾的に使われている。入口の両側に三本の柱を持つところは、福岡県柳川市に現存する立花家迎賓館として建てられた通称「お花」と呼ばれる洋館建築とも共通している。この建物は明治四十三年（一九一〇）に出来ている。一説に浅野医院はこの「お花」を手本にしているのではとも言うが、この両側三本柱の形式は、明治四十二年（一九〇九）新築の島根県庁舎にも見られる。さらに庁舎はポーティコの上に高欄のあるバルコニーをも載せてもいる。形態の類似性はむしろこちらの方が高いだろう。

浅野小児科医院診察室

浅野医院は平成元年（一九八九）に、大幅な修理、改修が行われている。外壁は木製から窯業系材料に変更され、窓もアルミサッシに変わっている。バルコニーの高欄もそのときに作り直されている。腰壁と基礎部分にある島石もその時新たに付け替えられている。構造躯体、屋根についてはほとんど変更はなされていない。

内部について、一階部分は当初の姿をかなりそのままにしている。診察室の天井も当初からの装飾であり、吹抜けた高い天井をもっている。二階についても当初からの改修部分が多く、建築当時のままというものは少ない。和室であったところも、記念室として、一階の天井を参考に新たな天井を作っている。改修によって、かなりの部分当初のものと改変されているとは言え、建築時の雰囲気や面影は、そのままに維持しているものと思われる。

津森医院　松江市本庄町　大正十五年（一九二六）竣工

津森医院の現当主は四代目になるが、三代目が大正十五年（一九二六）にこの医院を建築した。これについては昭和元年（一九二六）ということも言われているが、新築祝いの新聞広告が大正十五年十月のものであったことにより確定できた。もっとも、昭和元年は大正十五年の十二月二十五日から始まり、わずか六日間しかなかったので、昭和元年と言われる建物はいくつかあるがそれもほとんどは大正十五年であろう。

設計者は大正十五年（一九二六）に建設された松江市殿町に現カラコロ美術館（旧八東銀行本店）の設計者と同じと伝えられている。旧八東銀行本店の設計者は、大阪の國枝博氏であることが山陰合同銀行に残されていた設計図書から明らかである。竣工年は大正十五年（一九二六）であり、津森医院の竣工と時期的には一致する。津森医院の設計図書も青焼き図面が一部残ってはいたが、それには設計者の名前等、特定できるものは見出せなかった。所有者の津森嘉樹氏に拠れば、津森医院建設に際して請負は松江市の伊藤善平氏で、大工手間は当時二円だったのが、本庄火災がその前頃にあったため二円四十銭になったということだ。

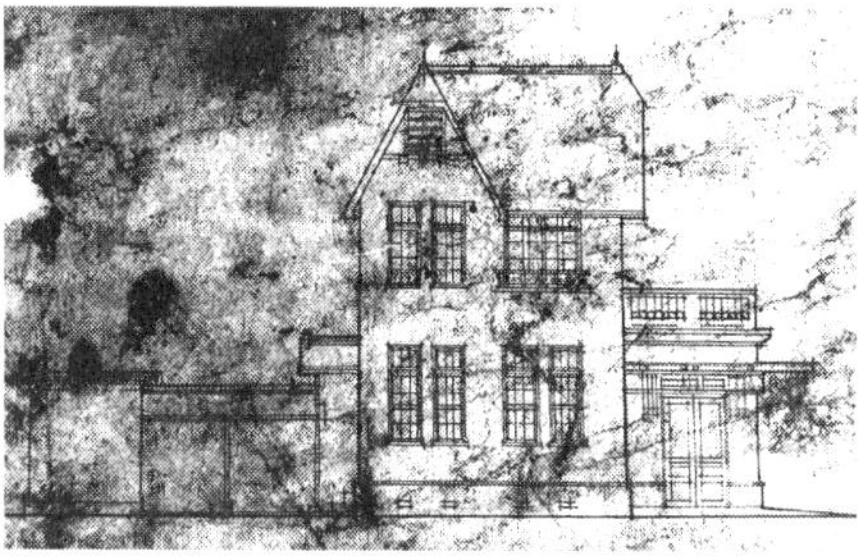

津森医院正面の古い図面（津森医院蔵）

津森医院東側正面図

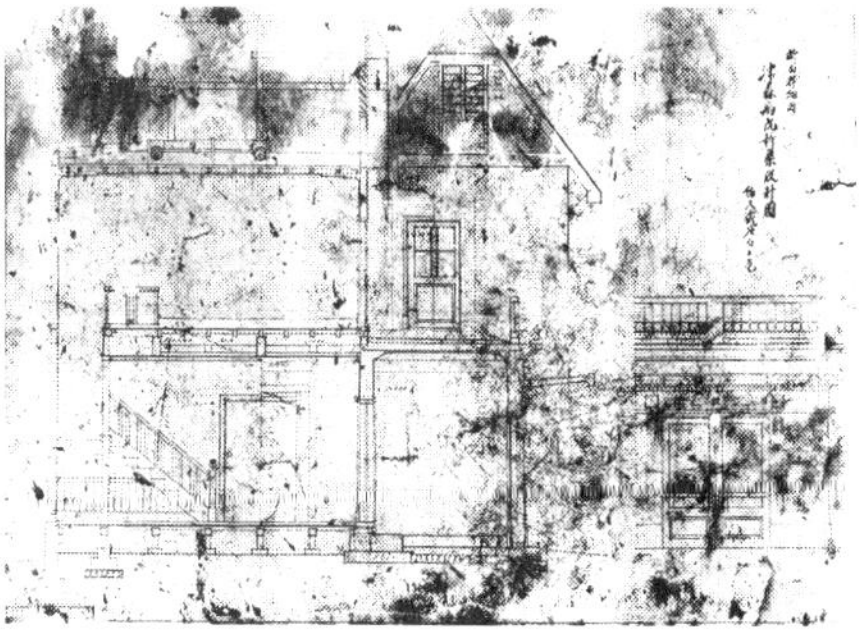

津森医院断面図（津森医院蔵）

青焼きの図面が三枚保存されていた。基礎は鉄筋コンクリートで、この程度の木造建築にしては頑丈に設計されている。建物はほとんど木造だが、バルコニーが乗っている玄関ポーチ部分は鉄筋コンクリートで作られている。道路側から見た建物の姿は、設計図のものと大差はない。二階右側の出窓だけは後で設けられたもののようで、当初図面では壁面にある窓に出張った窓手摺が設けられていた。ただし、建具は当初のものから、アルミサッシに替えられている。

大正末期の本庄は栄えた町であったから、ハイカラな診療所もすぐにまちに溶け込んだのではないだろうか。

津森医院（津森医院蔵）

第5章　線路は西へ　鉄道の発展

黒々とした煙

竪町、横浜町に住む子供たちはモクモクと上がる黒い煙の凄さに驚いた。それもすごいスピードで近づいてくる。聞いたこともないような大きなガシュガシュいう音も聞こえる。姿を見てさらに驚いた。真黒な鉄の塊が煙を吐き出しながら大きな車輪を回してすっ飛んでいく。乗っている人たちの中には洋装で着飾っている人もいる。ついていこうとしたが、とても早くて追いつけない。慌てたのは洗濯物を干していた人たちだった。黒い煙が降ってくると白い洗濯物は真っ黒になってしまった。怒るやら呆れるやらの大騒ぎだ。沿線の住民たちにとって、蒸気機関車は想像以上に凄いもので、かつ迷惑なものだった。

　この鉄道によってはじめて大量の人々の高速移動が可能になった。これまでは旅と言えば歩くしかなかった。金があれば船に乗ることも場合によってはできたが、庶民には縁の遠いものであった。その船もすごく早いというものでもなく、ただ、歩く必要がないというだけで、むしろ船酔いなど苦しめられる要素も多かった。それに比べたら、汽車というやつはたくさんの人を超スピードで軽々と運んでいく。

ほとんどの人は鉄道なんて見たこともなかったものだから、もろ手を挙げて賛成したわけではなかった。鉄道開通のことを聞いても、噂では大きな音がうるさいとか煤で汚れるとかを聞き、心配したり恐れたりする方が先だった。また、鉄道は線路を連続的に敷いていかなければならないから、町を横切っていくこともある。煙でまちを汚さないためにも住宅の多い繁華街の近くを通ることはできるだけ避けなければならなかった。そのため駅と言えば、田んぼや沼地だったような人の住まない場所に建てられ、できるだけ町を避けて線路を敷設することが常だった。明治四十一年（一九〇八）ごろの天神町、伊勢宮界隈の地図には敷設間もない鉄道線路が描かれている。ほとんどが田圃のマークばかりのところに松江駅は建ち、繁華な町を避けるようにして鉄道路線は伸びている。いつも蒸気機関車の雄姿を見られるのは竪町、横浜町界隈だけであった。

明治41年（1908）の松江駅開業当時の橋南
（白潟公民館蔵）

線路は伸びる、私鉄も共に

日本の鉄道敷設が決定したのは明治二年（一八六九）であった。そして実際に開通したのは明治五年（一八七二）、新橋―横浜間であった。その後鉄道網は全国に広がっていくのだが、経済、産業の輸送の効率化などに加え、富国強兵のもと軍隊の輸送などにも有利なように線路網は敷設されていった。したがって、地方でも拠点となる軍港などを軸にまず鉄道が出来て行った。

明治二十年（一八八七）から三十年（一八八九）までは私設鉄道の全盛期であり、全国各地に私鉄鉄道が計画されていく。松江においては一畑鉄道がその一つであり、現在のＪＲ木次線も元は私鉄鉄道として敷設されたものであった。しかし、民間による鉄道経営も行き詰まりを見せたころ主要路線は官営に移行していく。明治三十九年（一九〇六）には鉄道公有法が施行され、日本国有鉄道が出来て全国に鉄道網を広げていくことになる。

山陰における鉄道の歴史は明治三十五年（一九〇二）十一月一日に境―御来屋間に鉄道が開通したことに始まる。そこが最初だったのは境港が軍港として位置づけられていたからでもあった。そして鉄道は舞鶴、あるいは京阪神と結ぶべく東への日本海沿いを延伸していった。御来屋から鳥取までは明治四十年（一九〇七）には開通し、別項で述べる嘉仁親王（後の大正天皇）の山陰行啓に間に合った。それに比して島根県側の鉄道敷設は遅く、まず明治四十一年（一九〇八）四月五日に米子―安来間が開通し、十一月八日には安来―松江間が開業した。松江から西に延びるのは明治四十二年（一九〇九）で十一月に松江―宍道間が開通し、明治四十三年（一九一〇）十月に今市まで開通している。京都―出雲今市間が開通したのは餘部《あまるべ》鉄橋の完成後の明治四十五年（一九一二）であった。このように急に鉄道が西へ延伸していったのは松江に歩兵第六三連隊が設置されたことと無関係ではない。軍隊の設置とともに松江のインフラ整備も急速に進んでいった。鉄道、陸軍病院、そして水道施設などがそうであった。

開業当時の松江駅（松江歴史館蔵）

松江駅開業、線路は西へ

明治四十一年（一九〇八）十一月、松江発の一番列車にはたくさんの乗客があふれていた。鳥取行き、午前七時五分発であった。その日は八往復で約二千人の乗客を運び、四万人の見物客であふれた。当時の運賃は松江―米子間の二等で四十七銭、三等で三十一銭であった。因みに令和二年（二〇二〇）の同じ区間のＪＲ運賃は五一〇円だ。

松江駅の開設当初、駅の周りは田んぼや畑に取り囲まれた人家

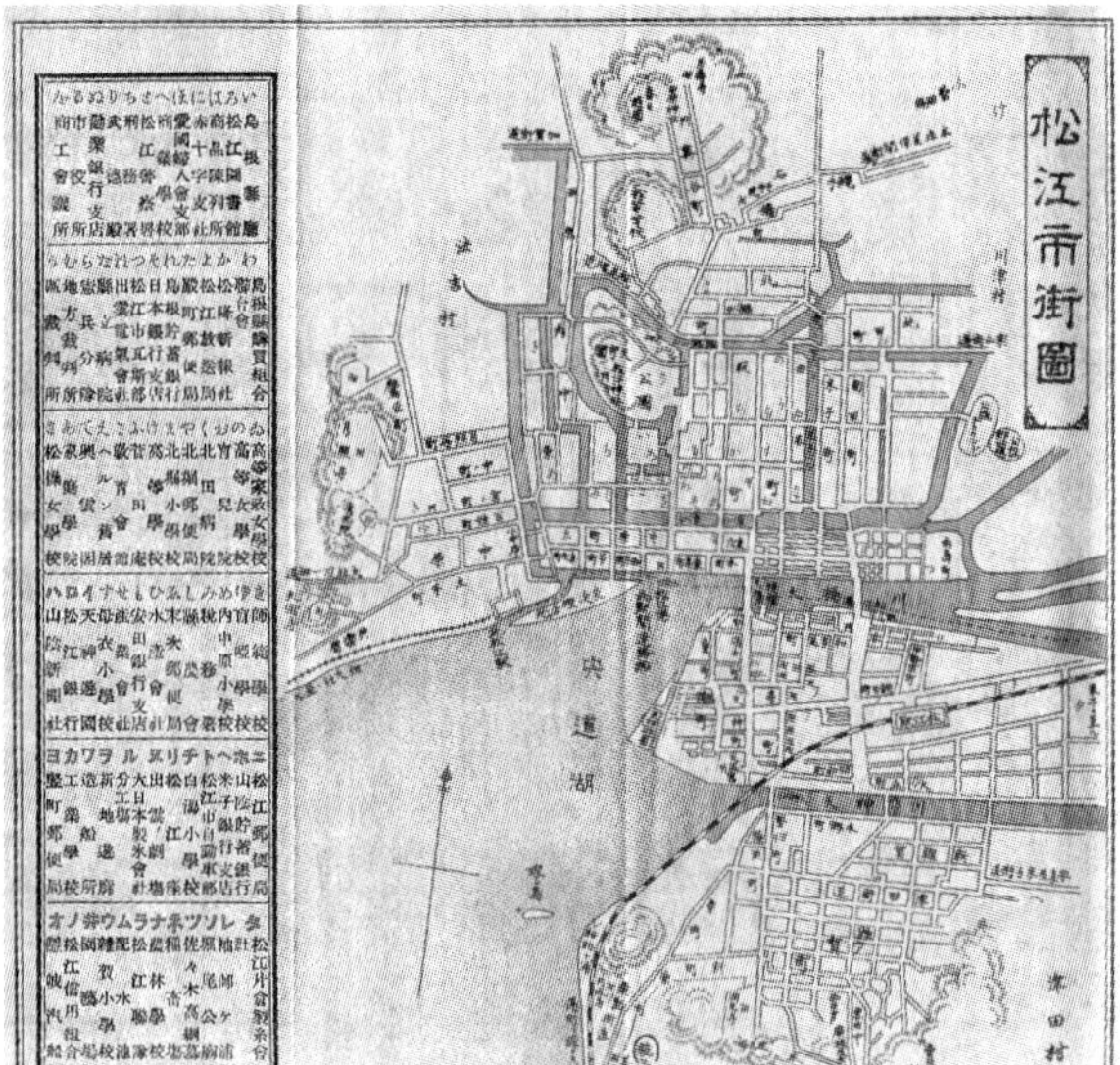

昭和8年（1933）松江市街図（今岡ガクブチ店蔵）

のない、繁華なまちからは離れた場所にポツンとできた。駅敷地の中には一文字家茶店が扱う弁当屋と原文運送と出雲運送の経営する運送屋があったのみだった。しかし鉄道の敷設は周辺の急激な変化をもたらし、伊勢宮に和多見新地と呼ばれる遊郭街も移り、その東側の御手船場や朝日町、南側の大正町、万代町辺りも急激に発展していった。駅前の通りと天神町を結ぶ道ができ、伊勢宮と和多見の間を抜け大橋川に注ぐ誓源寺後堀（和多見川）に「まつえ橋」が架かるのもこの道の重要度が増してきたせいであろう。

明治四十二年（一九〇九）には宍道―松江間が開通し、そこから広島に繋げるように私鉄の簸上鉄道が宍道―木次間に開通したのは大正五年（一九一六）十月のことだった。明治二十六年（一八九三）には日本最初の国産蒸気機関車が製作される。そして松江と京都がつながった明治四十五年（一九一二）に

まつえ橋（現松江市朝日町交差点）（タカキ楽器店蔵）

はそれを祝って松江と米子で博覧会が開催された。「物産共進会」が松江では興雲閣や白潟小学校を美術館として利用しながら、所家の秘蔵品や美術品が陳列された。

その後出雲今市から西へ延伸され、江の川のワーレントラス橋をアメリカから輸入した鋼材を使って最新の構法を用いて完成させ、益田まで届くのが大正十二年（一九二三）であった。その後の山陰本線京都―幡生《はたぶ》間が全通するのは昭和八年（一九三三）二月まで待たなければならない。

一畑電鉄（旧一畑電気鉄道）は軽便鉄道を利用

一畑電車は有志が明治四十四年（一九一一）に軽便鉄道の免許を取得し、明治四十五年（一九一二）に創立した。大正四年（一九一五）二月に出雲今市から一畑薬師の麓まで開業された、今では山陰に唯一残る私鉄路線である。布崎の変電所は昭和二年（一九二七）に今市から一畑坂下間を電化した時に設けられたもので、今も現役である。この鉄道は軽便鉄道と呼ばれる基準を緩やかにして作りやすくなった線路と電車を用いて開業している（一畑はその後ＪＲと同じ規格に変更している）。当時日本各地にこの軽便鉄道と呼ばれる電車路が開設され、網の目のように張り巡らされた。出雲―日御碕間、荒島―広瀬間、伯太―法勝寺間なども昭和まで続けられた電車鉄道であった。唯一残っているのがこの一畑電車ということになる。昭和三年（一九二八）に北松江まで延伸し、同五年には川跡駅から出雲大社間が開業した。一畑電気鉄道は平田から松江まで伸びる。現在はバタデンの愛称で全国の電車ファンからも愛される地域の鉄道路線となっている。

　ところで軽便鉄道の速度だが、極めて遅かった。私の父がよく話してくれたが、父は安来市伯太町の母里《もり》から法勝寺線に繋がる電車によく乗った。乗っている途中用を足したくなると飛び降りてそれを済ませ、また走って追いかけると再び飛び乗れたようなゆっくりだったそうだ。父が教員として戦地に赴く教え子を見送ったときもこの電車であり、その時のことも話してくれた。荒島―広瀬間の電車は一畑電気鉄道が経営するようになったが、昭和三十五年（一九六〇）六月廃止された。法勝寺鉄道は大正十三年（一九二四）に開業し、母里への支線は昭和五年（一九三〇）に開通。そして昭和三十四年（一九五九）母里支線は廃止され、昭和四十二年（一九六七）五月には法勝寺線全線が廃止された。今その痕跡は不完全な駅のプラットフォームや崩れそうなトンネルが残っているが、当時の電車も二台残って展示されている。

開業時の北松江駅（今岡ガクブチ店蔵）

法勝寺電車デハ203

第6章　水の都は水との闘い

水道は市民の悲願

水源調査のために松江を訪れた内務省衛生局のお雇い外国人W・K・バルトンは草いきれに蒸れる山道を歩いていた。彼は日本中のまちで水源探しと上水道計画を依頼され、各地を飛び回っていた。彼は無類の酒好きでもあり、ポケットにはいつもウィスキーの小瓶を忍ばせ、時折キュッとやってのどを潤し、元気をよみがえらせていた。そして今、忌部の清水《さみず》に巡り会い、やっと見つけたという喜びにまたもう一口やるのであった。

松江は水に恵まれない地だった。というと意外な感じを持たれる方も多いことだろう。松江は美しい宍道湖東端に位置し、そこから中海に流れ注ぐ大橋川によって南北に分断されている。さらにその宍道湖や大橋川から引き込まれた水はお堀となって、松江のお城を防御するように取り囲んでいる。そんなところから水の都とも称されるのだが、宍道湖は汽水湖と言って水に塩分が混じる湖だ。時代によって塩分濃度の差はあるのだが、藩政時代にあってもその水は飲料には適さないものであった。そこから流れる大橋川やお堀の水も同様であった。さらに松江の地下水脈も飲料には適さない鉄気《かなけ》を含んだものが多く、井戸をいくら掘っても飲料に適した水はめったに得られなかった。そのため松

下段中央がバルトン、上段中央が田野俊貞、下段左端が福岡世徳、右端が岡崎運兵衛（㈱城見エステート蔵）

W・K・バルトン

江の上級武士や豊かな商人は大正時代初期に水道が敷設されるまで、郊外から水を運んでくる水売りから水を買っていた。もちろん庶民階級の人々は井戸の水を少しでも濾して飲むなど、水を節約しながら暮らしていた。明治の中頃から上水道について、議会などで審議され、敷設は市民の悲願であった。

第4章でも書いたように、明治になって諸外国から様々な人が日本に来ることによってコレラ、腸チフス、赤痢、ジフテリアなどの伝染病が蔓延し、島根の人々を苦しめた。この原因の一つは飲み水にあると予測された。日本では井戸を厠の近くに設けることが多い。そのため厠の排せつ物からの病原菌が井戸に紛れ込んだと思われている。また水事情が悪いと貯めた水をしばらく置いておくことからそこにも衛生上の問題があった。

それを憂えたのは医療関係者であった。彼らは水問題を解決すべく、上水道の敷設を行政に強く働きかけた。その中心的な人物である田野俊貞達医師は松江市にはたらきかけバルトンを松江に招聘し、水源地と水道敷設に関する基礎調査を行ってもらうことになった。バルトンが請われて松江に来たのは明治二十八年（一八九五）七月のことであった。

　調査は明治三十一年（一八九八）四月に終了し、各候補地の中から西忌部の清水《さみず》を最も適当とした。清水は水質が良く、噴泉の位置が高く、水量も一日あたり十二万立米と豊富なことから選ばれた。同時に報告書では市内の配水池として、松江城のある城山も候補に上げられていた。しかし、工事費の試算と用地取得費は莫大になり、加えて明治二十七年（一八九四）の日清戦争、明治三十七年（一九〇四）の日露戦争により財政は逼迫し、水道敷設計画は頓挫する。

　明治四十四年（一九一一）上水道計画が再浮上し、予算圧縮のため宍道湖の水を利用することも考えられたが、塩分濃度が高く断念された。しかし、明治四十一年（一九〇八）に陸軍歩兵第六三連隊が配置され、同年の山陰鉄道の松江駅開業もあって、上水道敷設は急務と考えられ、松江市長は東京大学の中島鋭治に水源の再調査を委嘱した。中

忌部の千本貯水池とダム（松江市上下水道局蔵）

創設時の千本ダム第２堰堤（松江市上下水道局蔵）

島はバルトンの教え子でもあり、結果としてバルトンの主張通り忌部を水源とすることが最適という結果を得た。それを受けて明治四十五年（一九一二）二月、大石直を技師として敷設設計が開始された。

悲願の水道敷設

当初の計画は忌部に堰堤を築き、貯水する。その貯水量は七五一万立米で人口五万人を一人三立米として五十日分となるものだった。満水面の面積は一五町歩である。このときの計画では濾過池と配水池を床几山に併設するというものであった。これを元に内務省に対し、国庫補助の申請を行ったのだが、大正二年（一九一三）一月に、補助できない旨の通知があった。これにより一日頓挫したのだが、計画を変更して

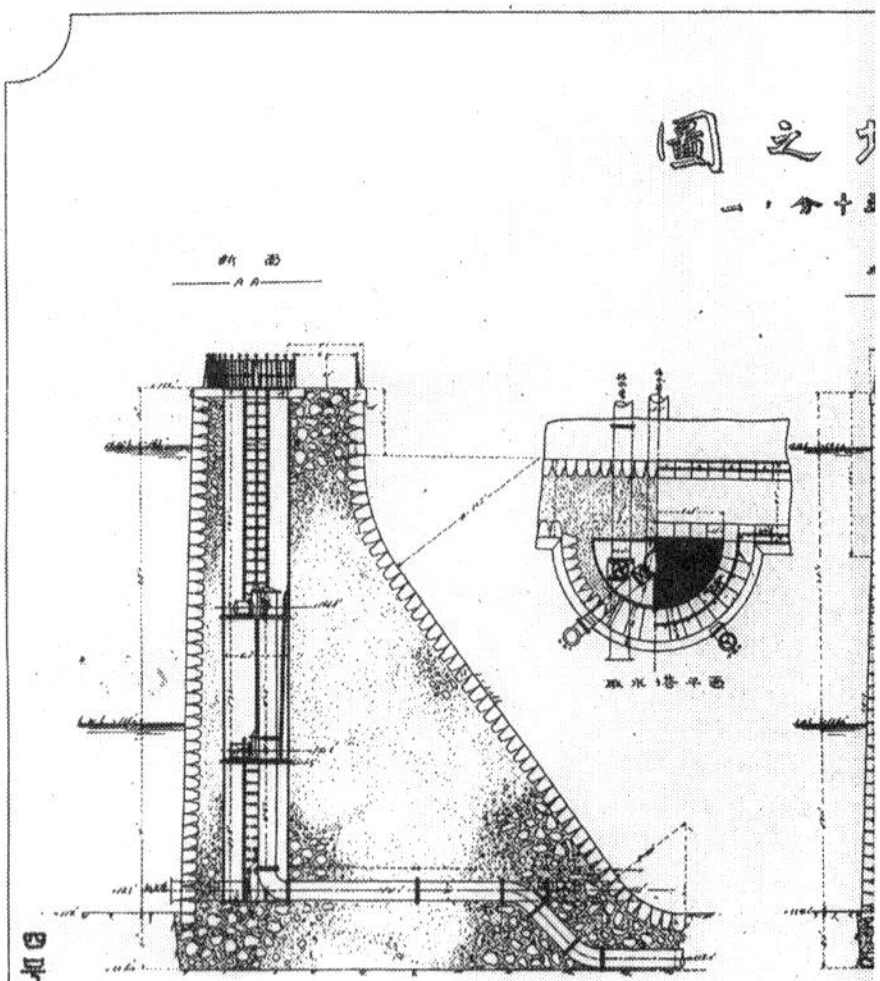

千本ダム堰堤断面（松江市上下水道局蔵）

予算を組みなおし、工期も延長した上で再度補助金の申請を行った。このとき、貯水量はむしろ堰堤を大きくし増加させているが、人口四万人に対し給水し、後の増加を見込んでおくというものであった。また、貯水池の下部に濾過池を設け、床几山の配水池まで引き揚げ、そこから市内に分配するという計画に変更されている。

同年十月、待望の工事認可が内務省より届き、いよいよ用地買収の手続きに入ることとなった。用地買収は約十一ヘクタールであったが地主との買収価格が折り合わず難航した。最終的には県の認可で土地収用法が発動され、土地の買収価格もほぼ市の主張を認めた上で知事が決定している。大正三年（一九一四）十一月、念願の工事全体の起工式が行われた。しかし用地買収の遅れ、その後の戦争、そして大正五

配水管敷設現場（松江市上下水道局蔵）

忌部場ポンプ庫

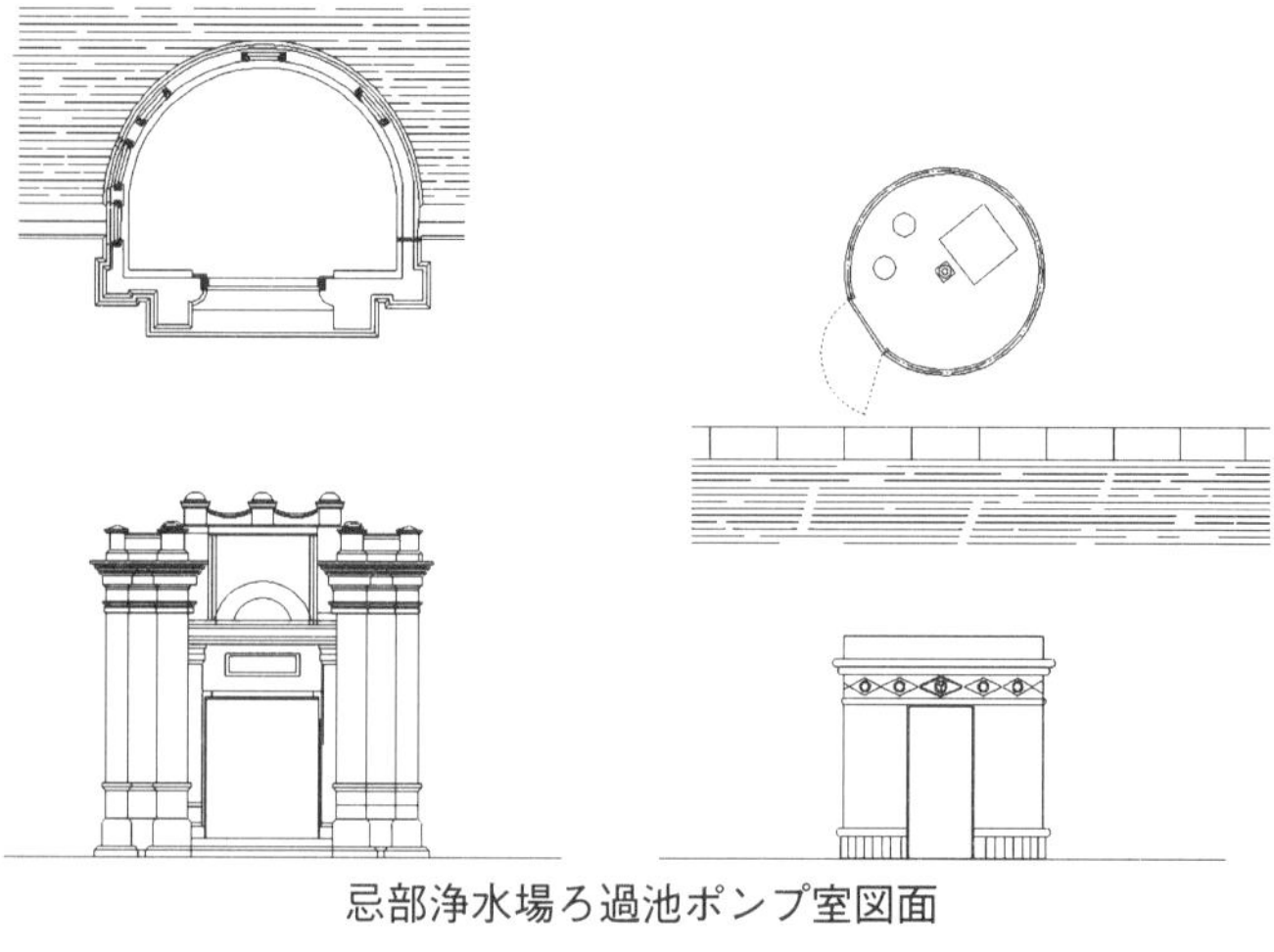

忌部浄水場ろ過池ポンプ室図面

年（一九一六）冬の大雪などにより、数度の工事延期を余儀なくされたが大正七年（一九一八）一月に主要部分の工事を完了した。同時に貯水池、濾水池間の導水管に注水された。同年六月正式に給水が開始され、大正八年（一九一九）全部の工事を完了、大正十一年（一九二二）内務省が工事の完了を認定した。最終的に貯水池の堰堤は幾分大きくなり、貯水量は一五〇一万四五七五立方尺（約五万四千立米）、満水面積は八二〇万九三三六平方尺（約八十九万四千二百平米）となった。

その後幾度かの拡張工事を行い現在の姿になっている。

昭和十年（一九三五）の拡張工事では昭和九年（一九三四）の大雨で水が濁ったため新たに沈殿池が設けられている。松江市の水道遺構は現在使用されていないものもあるが、建設当初のものが多くそのままに保存され、松江の水道史を知る上にも、近代の水道技術を見る上にも重要な価値がある。

W・K・バルトン　William Kinnimand Burton

正確にはウィリアム・キニンモンド・バートンだが、ラフカディオ・ハーンがヘルンと呼ばれるようにバルトンと呼ばれるのが日本では一般的だ。彼は明治二十年（一八八七）お雇い外国人技術者の一人として来日。九年間にわたり東京工科大学の土木工学科講師を勤める。スコットランド生まれ。エジンバラで水道工学を学んだが大学教育は受けていない。永井荷風の父と知り合って、日本に来ることとなった。来日した彼は日本各都市の上下水道の調査・設計にあたり、関係した都市は明治二十二年（一八九〇）の福岡を初め大阪、岡山、門司、仙台などの十数市で、松江市は十一番目に当たった。明治二十九年（一八九六）に台湾に渡り、台北市などの上下水道の設計に当たったが明治三十二年（一八九九）病を得て東京に戻り、同年八月五日逝去した。享年四十三歳、明治二十年（一八八七）三十一歳で来日以来、三十二年に四十三歳で没するまでの十二年間日本で活躍し、日本の水道の父と位置付けられる。日本人の妻を持ち、日本で亡くなった。

　アーサー・コナン・ドイルはもちろんシャーロック・ホームズの作者として有名だが、彼は子供のころバルトンの家に住んでいたことがある。おかげで大人になってからも親交は絶えず、ホームズの中に登場する日本の描写が正確なのは、バルトンから得たものだと言われている。

清水の貯水ダムは重力式堰堤

千本貯水池は西忌部町に大正七年（一九一八）三月完工した。コンクリート及びモルタル造石を張りつけた重力式堰堤で、その下にあふれた時の予防に副堰堤が設けられている。副堰堤の上にはアーチ式のコンクリート橋が設けられているが、今は水道管が乗るのみで渡ることはできない。

　堰堤は東側の端部から約四十ｍの部分は、頂部が通路となって取水搭上部に至る。そこから西側の堰堤は端部まで約六十五ｍあり、貯水池から溢れた水が堰堤の張り石の壁を伝って流れ落ちる。堰体の中心は四尺の厚さでモルタルを入れ、その前後に粗石とコンクリートで覆って

副堰堤の架橋

動式堰堤と上層

創設時の床几山配水池遠望（松江市上下水道局蔵）

いる。

池の内面張り石は面は一尺ないし一尺二寸、外面は面一尺二寸の間知石張りとなっている。石張りの堰堤はコンクリート剥き出しの現代のダムと異なり、人間の手作りを感じさせると同時に周囲の自然景観とも程よく調和する。取水搭内部への出入り口のある部分から階段で降りられるようになっているが、その上屋は創建当時のものはすでになく、創建時のデザインのみを踏襲したコンクリート造上屋が新たに作られている。本体は建設当初とほとんど変わらず、現在も現役の貯水施設として活躍している。重力ダムの典型であり、歴史的価値は高い。景観的にも自然と調和し、見る人の心を打つ建造物である。

副堰堤は主堰堤から落ちる水を受ける池より川へ注ぐ出口に位置する。主堰堤と同じ構造であり、川を保護するために設けられている。

高低差を利用して床几山から家庭へ給水

床几山配水池は上乃木の床几山頂に設けられた。千本ダムに貯水した水を忌部の浄水場でろ過し、それをいったんポンプで床几山頂に送り、そこから自然落下で松江の各家

配水池の入口

草に埋もれた計量室

庭に給水する仕組みだ。大正六年（一九一七）完工のコンクリート造であるが、現在は使用されていない。工事は大正三年（一九一四）十一月着手、大正四年（一九一五）三月に配水池事務所・機械室の建築完了、同年四月池の築造開始、大正五年（一九一六）七月池の築造完了、大正六年（一九一七）十二月排水土管を敷設して通水の準備を完了した。

　この配水池は当初の計画どおり松江市内を見おろす床几山の山頂付近に設置された。五万人の人口に対し約九時間連続の給水が可能となる設計で、長さ九十尺、幅五十尺、水深十一尺五寸の大きさの池を二個設け、その池の間に上部四尺、下部七尺の隔壁を設けている。

　池の底には一尺の厚さのコンクリートを敷き、一尺五寸の粘土で覆っている。壁は上部三尺、下部七尺のコンクリートで内部はモルタルを塗ってある。又、池の上部は厚さ一尺五寸のコンクリートで覆って蓋とし、さらに盛土を施して芝を張っている。池の上部及び側壁には三十六個の換気孔を設けていたが、一個の池は公園として開放する際、上部の換気孔を撤去している。現在若干の改変があるが、創建当初の姿をほぼそのままに残している。現在は使用されておらず、市民の公園として一部開放されている。松江城の位置を決めるために堀尾氏がここに床几を置いて検討したとして床几山の名がある地で、松江創設の歴史とともにこの水道遺構は歴史的に価値の高いものだ。

計量室は配水池上の中にあって、給水した水の量を測る装置がこの中に設けられていた。この建物について記述されたものは見当たらない。約一間半四方のコンクリート造の小さな建物である。しかし、浄水場濾過池調整井の上屋と同様に当時の思い入れの深さを示すようなエンタシスの柱、コリント様式風の柱頭飾りを持った意匠としている。用途は配水池から流れ出す水の量を計量するものである。その作り方と用途からして、配水池とほぼ同年に建造されたものと思われる。場所は配水池門扉を入るとすぐ右側にある。このような小さな建造物にさえ、西欧様式の意匠要素を持たせていることには驚きと畏敬の念を感じる。

門扉に水の文字が刳り抜かれている

第7章　商家の近代　新しい時代の模索

ロンドンでデパートを夢見た男

出雲《いずも》益良氏は新しいビルの完成に自らの夢を掛けていた。彼は大正十四年（一九二五）白潟本町の民家が建っていたところに、鉄筋コンクリート造地上四階地下一階の松江では初めてかもしれない複合商店ビルを建て、「出雲ストア」を開店した。コンクリート打ちのブームを伸ばした工事中の写真も残っているが、鉄筋コンクリート造の建物自体松江で初めてだった可能性が高い。設計は建築家大森茂であり、彼は千葉県野田市などに多くの作品を残している。大森の主要なクライアントの一つはキッコーマン醤油だったようだ。出雲ビルの設計に彼が起用されたのはキッコーマンとは無縁ではない。出雲ストアの商品にはキッコーマンの製品が多く、代理店の役割も持っていた。その関係もあっての大森氏の起用と思われる。大森茂の作品の一つ、興風会館は千

開店当時の出雲ストアー（出雲氏蔵）

葉県野田市に現存している（写真）。益良氏は渡航し、彼が見て来たロンドンのデパートを手本として挑戦的な新時代のビルディングストアを松江に建てた。出雲《しゅっと》金蔵本店は現在も白潟本町にあり、『山陰道商工便覧』にも載っている陶器商であるが、出雲ストア開店の広告には總本店となっているので、強い関係があったことが伺われる。益良は明治三十四年（一九〇一）に生まれているので、大正十四年（一九二五）と言えば、まだ二十四歳にしかならない。出雲家は画家の石橋和訓と懇意であったようで、彼の伝手でヨーロッパに渡り世話になったと聞くが、それは二十歳ぐらいのことだろうか。その頃のロンドンはと言えば、世界の中の大都会である。ハロッズと言うデパートは今でも有名だが、創業は天保五年（一八三四）である。フェニックデパートは明治二十四年（一八九一）に創業し、その時の建物（写真）が今も残っている。ひょっとしたらこのようなデパートを、若き益良氏はまぶしげに見ていたのかもしれない。当

興風会館　昭和10年（1935）（千葉県野田市）

初出雲ストアの一、二階を売り場が占めていた。そして三階は絵画の展示会などが開かれ、いわばイベントスペースだった。四階はペントハウス的なもので、後に増築されて広くなっている。地下は昭和七年（一九三二）の広告では美人女給さんを揃えたカフェとして使われた。いずれにしても、松江における最先端ビルであったろう。出雲ストアは後年テナントビルとなり、クラブ、食堂、高級食材販売などが入った。現在もテナントが入り、地下も軽食喫茶として営業している。平成二十九年（二〇一七）には松江市歴史的建造物第一号として登録された。

ロンドンのフェニックデパート（1891）

商人たちの冒険　近代ビルの建設ラッシュ

白潟本町から天神町にかけては、藩政時代より松江大橋から白潟天満宮に続く一番の商店街であった。天満宮に参詣する人でにぎわい、普段でも人通りの多い、松江一の繁華街でもあった。その通りに面して、出雲ビルが火をつけたように近代的デザインの商店ビルが次々に誕生していった。三階から四階建ての鉄骨や鉄筋コンクリート構造の建物にはしばしば地下階も設けられていた。残念ながらすでに失われた建物も多いが、写真で紹介する。

小原ビル（小原呉服店）は昭和七年（一九三二）白潟本町に建てられた。鉄筋コンクリート造四階建てで、前面外壁にはスクラッチタイルが張られていた。設計は定永さんとだけ伝えられ、東京は神宮前のアパートを参考にしたと言われている。工費は五万四千円で、四階には眺めの良いカフェが設けられている時もあった。

藤忠ビル（藤原忠太郎商店）は昭和二年（一九二七）建築。鉄筋コンクリート造と鉄鋼の混構造で地下室があった。天神町の駅前通り交差点角にあった。縦長の窓を並べ、角を丸くしたスタイルはドイツ表現主義時代の

小原ビル　昭和7年（1932）

デザインスタイルを彷彿させる。平成十四年（二〇〇二）に撤去された。

福村嘉十郎商店（福寿苑）は昭和二十六年（一九五一）建築と伝えられている。鉄筋コンクリート造二階建て、呉服屋でありながら流線型のアメリカ的デザインのアールデコ調の建築であった。

藤忠ビル（藤原忠太郎商店）昭和2年（1927）

福村嘉十郎商店（福寿苑）昭和26年（1951）

熊野建材店は写真にしか残っていない。昭和初期に建てられたようで、設計は成田光二郎。非常にユニークな意匠を持った建物だが、藤忠などと同じように角部を丸くしたドイツ表現主義などの建物の特徴を持っている。しかし、何となく日本の蔵を思わせるような意匠でもある。和であり洋でもある。この建物は現在のスティックビルの西側の道路向かい辺りに建っていたようだ。山に又の字の商標のようなものを突き出すように施しているのも面白い。よく見ると二階の窓枠もかなり凝った意匠になっている。熊野建材店も今その名前はなくなった。

熊野建材店

白潟本町、魚町、天神町などの松江大橋から南に延びる商店街は同橋北の末次、京店、殿町と続く商店街とともに松江の中心的商業地域であった。古い豪商なども藩政時代からここらに集中していた。

『山陰道商工便覧』は松江の商業の宣伝として明治二十年（一八八七）に刊行された。便覧には島根県庁舎から始まり、出雲から米子までの商家や銀行などを絵入りで紹介したものだった。便覧の中には各店舗の絵が描かれ何となく様子がわかるのだが、この時代の絵画には正確性が乏しい。間口も実際より二〜三倍もあるように描かれ、その形も今一つ信憑性には欠ける。しかし、当時の店舗などの雰囲気を伝えていると思われ、その意味では参考になる。その中に登場し、現在も残っている商家の一つとして、大橋北詰の山口薬局がある。

山口薬局は明治十八年（一八八五）頃建築で藩政時代から薬種商を営んでいた。明治中期に元の店舗から南に二軒ほど隣に新たな店舗を建築したと伝えられている。店には「松本順」揮毫の扁額が掲げられている。松本順は元良順と称し、徳川幕府の御典医の一人として幕末に活躍した人物である。順は明治十八年（一八八五）に来松し、弟子であった田野俊貞の医療所を「安仁堂」と命名し揮毫している。田野医院に薬を下していた山口薬局が松本順を紹介してもらい、揮毫してもらったと考えられる。家人の話では松本順は新築間もないここにきて、殺風景だからと言って

山口薬局『山陰道商工便覧』（松江歴史館蔵）

この扁額を揮毫してくれたと伝わっているそうだ。

『山陰道商工便覧』に紹介されているような商家は、ほとんどが和風建築だ。明治になったからと言ってすぐにすべてが洋風になるわけではなく、当面は和風が主流で、少しずつ改良されていくのみだ。ガス灯がついたり、ガラス窓が小さくとも設けられたりしていく。内部では畳敷きも多くなる。今では当たり前と言っても、畳の部屋が少なくなっていったが、明治の時代には民家で畳の部屋を持つ家は意外と少なかった。多くは板の間で一部屋ぐらいに畳を敷いている程度である。明治も終わりになって、やっとほとんどの民家の座敷が畳部屋になっていく。板ガラスでさえ、日本で商業生産されるのは明治四十二年（一九〇九）まで待たなければならなかった。商家に洋風の近代的ビルディン

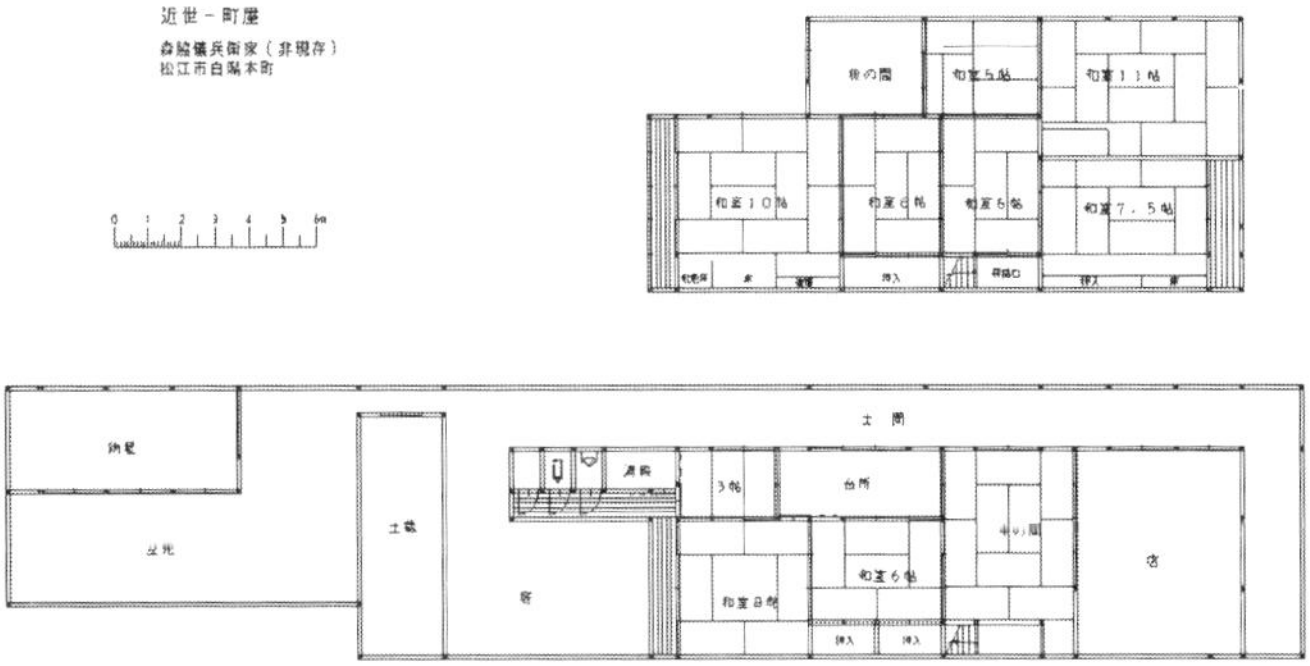

森脇儀兵衛家

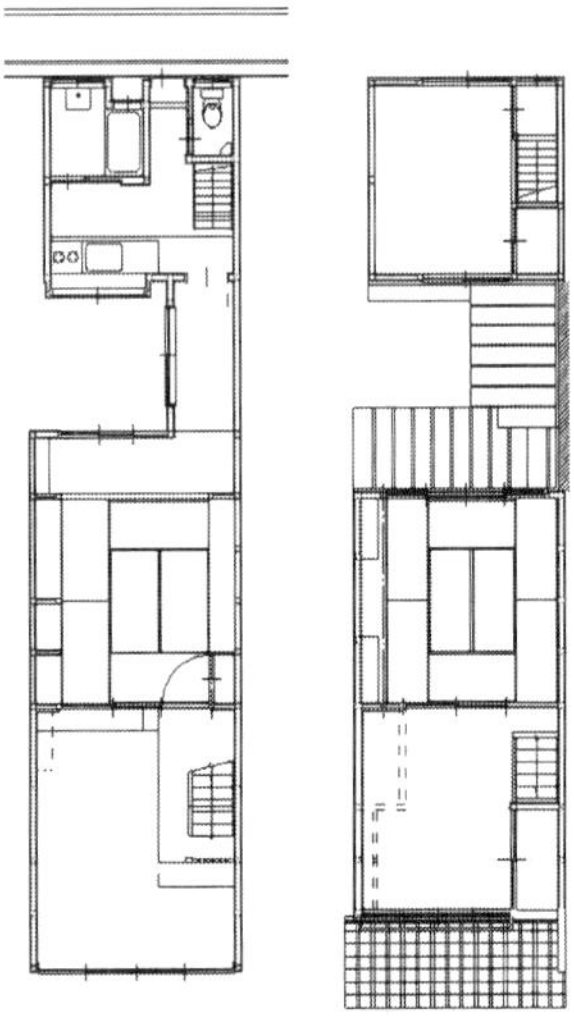

1階平面図　2階平面図

長屋平面図

グが登場するのは大正時代も末期になってからだ。

商売をしている町屋の造りは間口が二間半程度の狭いものが多い。ニワと呼ばれる土間が裏手まで続き、その途中に炊事場がある。いったん外に出て、小庭を経て最奥の離れに通じる。現在は便所が主屋の一部に取り込まれているが、近世においては庭の一角に厠があったものと思われる。白潟本町にあった森脇儀兵衛家の間取を図面化して載せる。大きい方の商家だったと思われる。

棟割長屋

松江のまちでも庶民の住宅のほとんどは長屋形式であった。それは藩政時代は元よりであるが、明治の近代にはいっても存在し、現在でも数棟みられる。現在残っている長屋形式のものは間口二間、奥行き五間のものであり、二階が前後ろとも半間ずつ引いて間口いっぱいに乗っている。ほとんどの住宅は裏に増築がなされ、広くなっているが、元は土蔵などがあったものと思われる。瀧川家の雇人である「太助」が残した日記にも、松江の住宅事情が書いてあり、借家が多くあるが、空きは少ないなどとある。おそらくこのような長屋の多くは借家であったものと思われる。また長屋については近世のまち絵図にも長屋らしい棟割が描かれているものが多数ある。大きなものでは十一軒程度の棟が連なっているものもあり、現在残っている寺町な長屋なども、元は十一軒あったのではないかと思われる。後世になって借家を居住者が買い取り、それぞれ固有の財産となって現在に至っている。長屋は二階の屋根は瓦葺きであり、一階の下屋根は現在するものは瓦であるが、住民から聞き取った結果、昭和

寺町の長屋

二十年代は板葺きのものもあったそうだ。

地下室を持った松江の商業ビル

松江キネマクラブは大正十年（一九二一）完成した。大橋北詰めの電信分局跡に建設され、明治四十四年（一九一一）架橋の第十六代松江大橋の写真には北詰に松江キネマ倶楽部の建物が写っていることが多い。その名の通り、映画館であったのだろう。元は松江電信分局があったあたりだ。土地が払い下げられてキネマ倶楽部を建てたのだろうか。四、五階建ての立派な近代建築が写真には写っている。今その場所には飲食店のテナントビルが建っている。コンクリート製だが、興味深いのはその建物には地下室があることだ。調査してみると大橋川に沿って南側には昭和初期に建った料亭や町屋が並んでいるが、幾つかには地下室があることが確認された。天神町の藤忠商店にも地下室があり、出雲ビルにもある。大正末期から昭和初期にかけて松江には地下室建設ブームが生まれていたのであろうか。（写真一九四頁）

第8章　起死回生の大陸進出　山陰道産業の物語

恐慌に沈む時代

大正三年～七年（一九一四年～一九一八年）の第一次世界大戦は日本に戦時バブルと呼ばれる大戦景気をもたらした。しかし戦後ヨーロッパの製品がアジア市場に戻ってくると大正九年（一九二〇）には戦後恐慌が発生した。それもいったんは終息に向かおうとした矢先の大正十一年（一九二二）に銀行恐慌が発生し、さらに翌年関東大震災が発生して再び恐慌に陥った。そんな中でもアメリカを中心とした欧米の景気は金本位制への移行もあって好調だった。しかし、昭和四年（一九二九）のウォール街の株価暴落に端を発した世界大恐慌は世界経済を混乱に陥れた。ウォール街の大暴落時と同じくして金解禁を実行した日本の経済は更なる大打撃を受けてしまった。その影響は世界経済と同じように、昭和六年（一九三一）まで深刻な経済状況が続いた。一方で明治四十三年（一九一〇）に朝鮮併合の後、日本は大陸進出を始めていた。昭和十二年（一九三七）には日中戦争も始まり、戦争への足音はいよいよ高くなっていく。

　昭和六年（一九三一）頃から、徐々に日本の経済も復興しつつあった。松江にある日立金属の事業所はその社員数が徐々に拡大して行くのもこの頃からであった。世界大恐慌の影響により松江も大正末から昭和初期にかけて不況に見舞われている。折しも昭和六年（一九三一）五月十六日、大橋北詰の旅館から発生した火事は西風にあおられ、発生源から東側の末次本町・紙屋町・元材木町・末次魚町・元材木町・鍛冶町・漁師町・御船屋町・母衣町（一部）を焼き、向島町に至ってやっと鎮火した。この火災は末次大火（写真一九四頁）と呼ばれる大火事であった。前述の火事に見舞われた町名は、復興の際に東本町一丁目から三丁目と改名されて再編された。この東本町界隈は大火後元々あった建物の再建の他にも経済の復興を示すような建物の建築が進んでいった。

内中原大火　昭和13年（1938）4月

松江の建築家成田光二郎

成田光二郎

建築家成田光二郎は悩んでいた。設計の依頼を受けたのは朝鮮において島根県が農業の振興を計ろうという、官民合体の海をまたいだプロジェクトであった。明治の末期に朝鮮を半ば植民地化し、そこを拠点に日本を振興させようとする日本の国策は民間の投資をも促し、日本海側の多くの都市でそれに応じたプロジェクトが計画されつつあった。

成田光二郎は松江の、いや島根県における草分け的な建築家であった。今も島根県の各地に彼が設計した建築物が残っている。安来においては料亭「山常楼（昭和九年（一九三四）竣工）」、横田においては「救世軍横田教会（大正十二年（一九二三）竣工）」、奥出雲町には「千原医院（大

旧山陰道産業のコーナーレリーフ

正十四年（一九二五）竣工）」そして松江においてはこれから話す山陰道産業株式会社の他たくさんの建築が現在も残っている。

成田はこれと言う決まったスタイルを持った建築家ではなかった。千原医院の様なイギリスのグラスゴースタイルやセセッションスタイル、アール・デコなどの世界の流行を取り入れた超モダーンデザインから、山常楼のような豪勢な和風建築料亭まで、多種多様なデザインスタイルを自由に駆使していた。彼には期待がかけられていた。農業などによる大陸進出という県の威信をかけたこの会社には多くの民間人も出資している。いわば島根県の一大プロジェクトともいえる事業なのだった。その拠点となる山陰道産業の建物をどうデザインするかは、建築家成田光二郎の今後の評価をも定める大きな価値のある仕事だったのだ。

ふと彼は自らが元石工であったことを思い出していた。

山常楼（安来市）

救世軍横田教会

父親も石工をやっていて跡を継いだ彼は、一時建築現場で石工事などに関わっていた。今は大手の清水建設の前身である清水組に雇われて仕事をしていたが、自らの努力と才能によって建築家となっていたのだ。松江の特産である来待石を使い、石彫りのデザインによってこの会社を表現しようと思いついたのだ。建物の北東と南東の隅には、その頃のドイツ表現主義建築などで流行っていた隅から出入りする手法を用いた。そしてＦ・Ｌ・ライトのような水平性を強調するように外壁に水平なリブを設けた。象徴性を高めるために北東隅部の上には尖塔を設け、遠くからでも一目でその位置を視認できるように考えた。そしてその北東隅のカット部に、建物の北東側隅に一階から二階まで八枚の来待石を用いてそれに彫り込んでレリーフとした。そのモチーフを何にするかは問題であったろう。結局、サルや、子供を登場させ、ぶどう酒造りのイメージをそれに表現した。元になったものはイソップ童話などともいわれるが判明していない。想像ではあるが、この会社が大陸で農業を起こすことを目的としているところから、ブドウや、ワイン造を思わせるようデザインをレリーフに用いたものではないかと考える。この山陰道産業本店の竣工は昭和七年（一九三二）であった。昭和六年（一九三一）の末次大火の後、区画整理が行われ建て替えられたのだ。

官民合同の大陸進出会社は知事の大博打

山陰道産業株式会社は明治四十年（一九〇七）四月設立された。この会社の目的は韓国植民地化による韓国進出により、韓国の土地を利用して大規模な農業を営むものだった。韓国の土地は未開墾地が多くまた農業の技術も未熟である。日本の技術を伝授し韓国の農業収益を上げ、ついでに日本にも利益をもたらす。そのために日本の農民を韓国に移住させて土地を買収し、農業に従事させるというものであった。

　これは島根県の商業振興策として島根県知事の強力なリーダーシップにより実施された。島根県の他にも福岡、石川、長野、高知、滋賀など日本全国で韓国での土地購入と農場経営を事業内容とする会社が作られたが、その中でも早い時期に設立され、資本額も群を抜いていたこ

旧山陰道産業東側立面図

とからも事業を主導した島根県当局者の期待も大きかったことが伺われる。設立された山陰道産業は当初に予定された事業を十分に展開しないまま推移し、厳しい批判の中、明治四十二年（一九〇九）になってようやく慶尚北道の金泉地区に根拠地を定め農業経営にあたるようになる。しかし島根県の場合官庁主導が強すぎ、役人主体の経営でまもなく破たんしてしまった。片や同時期に石川県は農業株式会社を立ち上げ、韓国における農業経営を展開したが、こちらは民間主導型であり、行政主導で後に頓挫した島根県と違って大きな成果を上げたとされている。

山陰道産業の株式会社の設立

明治四十一年（一九〇八）一月二十五日に山陰道産業株式会社の株式募集広告が新聞に掲載された。

募集は総株数一万株の内四〇〇〇株。六〇〇〇株は県下の有力者と他府県に住む知名人に割り当てられた。設立の目的は以下の通り。

一・韓国の土地を買収又は租借し、農業に関する諸般の経営を為して利益を上げ、地方経済の発展に資する。

二．物品の委託売買を行い貿易商社となる。

三．前二項の目的のために金銭等を貸し付ける。

同四月二十八日　会社設立総会を県会議事堂で行う。

取締役に三島佐次右衛門、藤井朝一郎、山本伊三郎、梶谷福太郎、山崎多助、小林藤一郎、監査役に並河理二郎、渡辺新太郎、右田三吉などが決定され、その後に社長　横井弁之助　支配人　山根馬之丈が決定された。宣伝広告の中の委託売買品目は食糧、米穀、肥料、木竹材、石材、石油、木炭、セメント、茣蓙《ござ》類、紙類、清酒、醤油、米搗磨粉、油煙止金具、ホヤ、海産物等であった。

会社設立後、釜山に支店が開設されたが、その時知ったのは認識不足と情勢の変化であった。買えるような土地はすでに少なかった。また韓国人も土地に対す

旧山陰道産業の建設当時

る執着を持っていた。その後さまざまに試みるが、官主導ゆえの臨機応変さに乏しく、人材も不足し、利益を上げるどころではなくなって行く。大正二年（一九一三）には金泉支店で二八、三〇四坪、慶尚南道亀浦出張所で一〇、四六八坪の農地を買収している。ここまでは将来の展望も良しとしていたが、それ以降の進展はなかった。『山陰の日朝関係史』一九九三年一月十五日発行　著者　内藤正中

街のランドマーク「トラヤ」とコーナーレリーフ

山陰道産業の建物は東本町の大橋川に面した道路に沿って、現在も残っている。山陰道産業の破たん後、所有者はいろいろ替わったが、「トラヤ洋品店」が所有するようになった。洋品店廃業後も存在感を持ち続けて地域のランドマークともなっていることから「トラヤ」の名前で親しまれている。建設当初にあった北側角地の尖塔も今は無くなり、屋根は変えられているようだが、外観はほぼ建設当初のままに残されている。この建設地は東本町にあって、初代新大橋は東側数十ｍに架けられていた。

昭和六年（一九三一）の末次大火によって灰燼に帰したこのまちは街区の新たな都市

計画を元に、次々に新しい建物などが作られていった。大火の直後には米田酒造、米田醤油店なども再建された建物の一つであった。この山陰道産業が建てられた昭和七年（一九三二）もこの大火の直後であり、その後昭和九年（一九三四）には西に一〇〇m行った大橋川沿いに料亭「久の家」が建てられた。山陰道産業の建築などで界隈の活況が増してきたからであろう。この「久の家」も成田光二郎が設計に絡んでいる可能性が高い。この時期大橋川から荷船を使って多くの物資が出し入れされていたという。これを機に東本町は伊勢宮とともに松江を代表する繁華街になっていく。

トラヤ（オブジェクト）

　建築家成田光二郎は大正から昭和にかけて、松江を中心として幅広い建物の設計を手掛けた建築家であった。この山陰道産業をはじめとし松江においても今はもうないが、「銀扇」「旅館大橋館」「熊野建材店店舗」「河内商店店舗」「中島や呉服店（竪町）」、「森本産科婦人科医院」なども彼の設計によるものであった。流行の先端にあるような建築スタイルも自由に取り入れた彼の設計した建物は、松江を中心とした地域の近代建築の中で、今も燦然と輝くものと言えるだろう。

河内商店

久の家

第9章　大橋架け替えと人柱

橋を渡る下駄の音を聞いたハーン

明治二十三年（一八九〇）八月、西田千太郎はある人を待っていた。たぶん期待をもって心待ちにしていたのだろうが、内心は不安でいっぱいだったはずだ。島根県尋常中学校教頭の彼が待っていたのは新しい外国人英語教師、ラフカディオ・ハーンであった。その前にも前任者がいた。当時の英領カナダから来たタットルという宣教師であった。宣教師ではあるが英語教師としてやってきた彼は、一言で言えば当時の普通の外国人だったようだ。つまりキリスト教を信じないものは野蛮人だと広言し、その地の風土や慣習に親しもうともせず、日本人に対して横柄な態度をとると言ったところだ。また彼は寒がりでもあり、寒い教室で教えることを嫌い、さらに教える態度にも問題ありとされた。明治二十二年（一八八九）にやってきて、契約はすぐに延長されて明治二十四年（一八九一）三月末までとなっていたが、期間中途の明治二十三年（一八九〇）七月末で解雇されることとなった。追われるようにして松江を去ったとされていることもあり、次に来る英語教師がどんな人物だろうかと心配していたに相違ない。東京帝大の教授チェンバレンの推薦であることも聞いていたかもしれないが、チェンバレン自体を知らない西田にとっては、大した慰みにはならなかった。

ハーンは山陽側から人力車を使い、中国山脈を越えて米子へ出て、そこから蒸気船で八月三十日に松江に入った。ハーンは最初に松江大橋を見たに違いないが、彼が見た橋は十四代の松江大橋だったのだろう。彼の著書「日本の面影」の中で大橋は鉄柱が立ち並ぶ長く白い橋としているが前年に架け替えられたとし「…古い橋は、これよりももっと絵になる美しさであった。無数の橋脚に支えられ、川に弧を描いて架かるその橋は…」と書いている。ハーンは明治二十三年（一八九〇）八月から明治二十四年（一八九一）十一月までの松江に滞在する間に十四代と十五代の二つの橋を見たのだろう。十五代の橋は鉄柱で上部は木製のトラス構造だった。彼はそれをただ近代的な橋としか表現していない。

ハーンの肖像
（小泉八雲記念館蔵）

西田千太郎の心配にも拘らず、ハーンは極めて穏やかで、そして教え方も丁寧であり生徒に好かれた。何より、日本や松江の風物や風俗、慣習をすべて受け入れた。西田の奔走ですぐにハーンの好みにぴったりの旧武家屋敷であった根岸家を下宿として借り受けることもできた。

第15代松江大橋　明治24年（1891）架橋（今岡ガクブチ店蔵）

第16代松江大橋　明治44年（1911）架橋（今岡ガクブチ店蔵）

彼が松江に滞在したのは一年と少しという短期間であった。あれだけ松江を愛し、本も書き、あまつさえ妻まで娶った彼がわずか一年で松江を去ったのはその寒さのためだったといわれている。ギリシャに育ち、アメリカ南部やカリブで生活してきた彼には、外部との境が障子一枚しかない日本の民家の冬の寒さに耐えきれなかったかもしれない。

カラコロと下駄の音

ラフカディオ・ハーンが松江にきて最初に見た松江大橋は、昔ながらの第十四代の木製の橋であったと思われる。『日本の面影』では、それを絵になる美しさであったと表現し、「川に弧を描いて架かるその風情は、まるで無害の長い脚のムカデのようだった。」と書いている。一一四頁の絵は天保時代に架け替えられた第十三代の寛津橋渡り初めを描いた絵だ。『出雲鍬』と言う本に蓮台橋について「捨杭二十五本、橋脚に都合一九〇本の柱が設けられている」とある。この寛津橋は蓮台橋よりも十八m以上も短くなっているという記録もある。それでもこの絵に描かれている以上の橋脚はあったものと思われる。一般に橋の絵ほど真実に遠いものは無く、すべての橋絵図は誇張されるか、簡略化して描かれていると断言できる。反りもかなりあるように見える。しかしこれも誇張であり、橋杭は少なく省略され、反りは誇張して太鼓橋のごとく描かれているのであって、実際はこれほどではなかったであろう。長さが一四六m余りと現在の十七代大橋の長さ一三四mよりかなり長いのは、だんだんと南詰を埋めて大橋川の川幅を狭くしたせいだ。橋の反りはどれだけの高さの船を潜らせるかにかかる。藩政時代の船は固定したマストを持つものはほとんどなく、さほどの高さの帆を張るわけでもない。明治に入り、マストの高い西洋帆船が松江港に入津してくるが、それらは松江大橋で止められる。橋の反り、あるいは中央の高さを示す文献はなかなか見当たらず、江戸の町に架かる藩政時代

寛津大橋渡り初め　天保8年（1837）

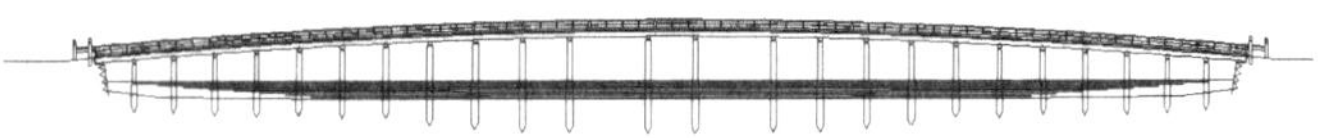

寛津大橋断面図

	名称	掛替時期	西暦	橋巾	橋長	特徴
12代	寛津橋	天保7年	1836	4.9m	146m	木造橋
13代	吉祥橋	嘉永7年	1854			木造橋
14代	大橋	明治7年	1874			ハーンが最初に見た木造橋
15代	大橋	明治24年	1891		139m	ハーンが渡り初めを見た鉄骨橋脚木製トラス
16代	大橋	明治44年	1911			鉄骨橋
	仮橋	木造でくの字に曲がって架けられていた（116頁）				
17代	大橋	昭和12年	1937	11m	134m	現在のコンクリート・鉄骨橋

各大橋の特徴

の橋の資料などから判断し、川岸から約三mの高さまで反り上っていたと仮定している。松江歴史館に展示してある模型がまさにそれである。ハーンが松江に来て最初に見たのは寛津橋の二代後になる明治七年（一八七四）架け替えの橋であろう。まだ、近世の架橋技術を使ってのものであろうから、たぶん寛津橋とも形に大きな差はないだろう

ハーンは大橋の人柱の話を残している。その内容は堀尾吉晴が架けた大橋はたびたび洪水によって流され、破損と修理の繰り返しであった。そこで人柱が建てられることとなった。たまたま条件に合った雑賀町に住む源助という男が人柱にされ、生きたまま埋められた。その場所は橋のほぼ中央であり、その後三百年間も橋は流されなかったと『日本の面影』には書いてあるが、実際はその後も何度も流された

り破損したりして架け替えられている。この人柱の話をハーンは嫌悪をもって聞いた風には見えない。たぶん有りうる話ではないかと思ったのではないだろうか。古来より北欧でもボッグマンと総称される殺されたミイラが発見されている。それらは生贄だったと考えられている。アステカ、マヤの文明では明らかに女性や子供などの多くの生贄が発見されている。ハーンもそれを知っていた可能性は十分にある。十七代の今の大橋が工事中の時、県土木技師の深田清氏が事故で殉職した。これを人柱に見立てることもあるが、不幸な事故であった。南詰に殉職碑が作られたが、橋の中央近くには深田技師の胸像が埋められているという話もあった。明治四十四年（一九一一）架橋の十六代大橋の橋脚に昭和九年（一九三四）三月、小型の発動機船がぶつかり破損させてしまった。老朽化していたこともあって新たな橋に架け替えることが決まり、工事中仮設の橋を架けることとなった。昭和十二年（一九三七）十月の十七代大橋開通までその仮設橋は、くの字に曲がったその姿から「くの字橋」とも呼ばれ、その風情を楽しむ人もいたようだ。

くの字に曲がった仮橋（松江歴史館蔵）

　余談ではあるが、筆者は高校時代に松江のある家に下宿していた。そこのおばさんから聞いた話を覚えているが、そのおばさんの生家の御先祖はお役人で大橋架橋に関わっていた。人柱として源助に白羽の矢を立てたのがその人であったそうな。そうしたところ、源助に呪いをかけられ、おばさんの生家を継ぐ男子は四十数歳までしか生きられなくなってしまったとか。悉くその年齢までに亡くなっていると聞いた。ふんふんと聞いた五十年ほど前の話だ。もっと詳しく聞いておけばよかった。

二本目の橋新大橋

　大橋川には長く橋は一本だけしか架かっていなかった。交通量の少ない時代ならいざ知らず、近代が開花するころ自動車も登場し二本目の橋は必要性を増し始めた。そして大正三年（一九一四）七月六日、初代新大橋が新材木町と和多見町を結んで開通した。長さ一四六m、幅四・五mの木橋であった。しかしこの橋にも昭和六年（一九三一）に

初代新大橋の渡り初め 大正3年（1914）
（今岡ガクブチ店蔵）

発動機船が衝突し、破損を機に東側に一〇〇mほど移動した位置に新たなコンクリート橋脚の橋を架けることとなった。それが現代の新大橋であり、昭和九年（一九三四）十一月完成した。この二代目新大橋から南に伸びる道路はかっては川であり、その両側に狭い道があったのだが、埋立てて現在のような道になっている。川は和多見新地遊郭に通う人を船で運んだともいう。二代目新大橋架橋の前に埋立てられたものと思われる。

松江の堀に架かる橋

石橋からまた木橋に　城山北惣門橋

この橋は松江城の築城と同じ慶長十六年（一六一一）頃に架けられたものと言われているが、それを裏付けるものはない。『正保年間絵図』（一六四四～一六四八）には反りを持った太鼓橋として描かれている。また、宝暦年間（一七五一～一七六四）に著された松江藩の統計書である『雲陽大数録』には、長さ九間四尺五寸、幅二間と記載されている。北惣門（脇虎口門）に至る橋であったことから北惣門橋と呼び習わされている。明治初期の陸軍省調査の測量図によると橋は旧来の長さで描かれているが、明治三十五

眼鏡橋と呼ばれていたころの北惣門橋

『正保年間絵図』に描かれた北惣門橋（松江歴史館蔵）

年（一九〇二）の松江市道路図によると短い橋に変わっている。明治期には何らかの理由で石造りのアーチ橋に架け替えられ「眼鏡橋」と呼ばれていたことがその時期の新聞記事などに散見される。しかし橋の長さが短くなったことにより堀川の通水性を悪くしていることから、また昭和四十五年（一九七〇）に作成された『史跡松江城環境整備事業計画』からも築城以来の木橋に戻すべきということになり、平成四年度（一九九二）から平成六年度（一九九四）にかけて石製の眼鏡橋を撤去し、絵図に見える木橋を復元することとなった。

京橋

この橋も藩政時代から重要な位置にある橋だ。この橋の北側には家老屋敷や藩の施設が立ち並び、南側には民間の施設や商家が建ち並んでいた。明治期になり、家老屋敷などが整理され、主に金融機関の建物がいくつも建った。勢溜の広場は藩政時代の三谷家老屋敷と神谷屋敷の間だが、そこには明治十七年（一八八四）に日本銀行松江支店が建設された。島根貯蓄銀行、島根農工銀行、八束貯蓄銀行などがその周りに建ち、北堀橋の南詰近くには第三国立銀行が明治三十五年（一九〇三）ごろ建設されている。そのためこの一帯を山陰のウォール街ともいわれることがあったが、明治の松江の金融街であった。一二二頁の写真は北堀橋の架け替え時のものであるが、むこうに第三国立銀行が写っている。その銀行建物は現在も残っていて、かげやま呉服店として京店通りで営業を続けている。

北堀橋

大正七年（一九一八）架け替え時の写真がこれである。木製の橋であり、床も板敷きであった様だ。この橋の新聞記事写真には橋桁に添えて太い配管が写っている。松江に給水が始まったのは大正七年であり、この橋の架け替えは北堀、石橋地区にも上水道を広げるためでもあったかもしれない。

開府250年祭の折の京橋　背景に第三国立銀行（今岡ガクブチ店蔵）

北堀橋（今岡ガクブチ店蔵）

第10章　松江警察署の物語

発見初代庁舎　北辰堂の奇跡

電話の声は興奮していた。壊される予定の元線香工場を調べてみたら、建具や窓の様子が明治の建築の様子を呈している。これはひょっとしたら、初代の松江警察署かもしれないという新発見の興奮が伝わって来た。当初その建物「北辰堂」は以前に雑賀幼稚園として使われていたということが伝わっていた。すぐに見に来てくれないかというＩ氏からの電話であった。すっ飛んで行くと、確かにドアのデザインや欄間の半円形は明治の官庁建築そのものだった。これはやはり、ということになって早速に状況調査が始まったのが平成二十六年（二〇一四）一月のことだった。その結果、建物は初代松江警察署として建設されたものにほぼ相違なく、その後雑賀町に移築され、私立雑賀幼稚園の建物として利用されていたことがあった。その後「北辰堂」という線香製造会社に所有権が移り、線香製造工場として平成十二年（二〇〇〇）ごろまで営業していた。平成二十五年（二〇一三）に所有権がさらに別な法人に移り、すべてを解体して敷地を再利用することが判明し、松江市は建物の調査を行ったが、その際この建物が明治の官庁建築の特徴を持っていることが判明し、更に詳しく調べると襖の裏紙などに警察署で使

初代松江警察署　明治12年（1879）建築（松江歴史館蔵）

初代松江警察署　明治12年（1879）建築

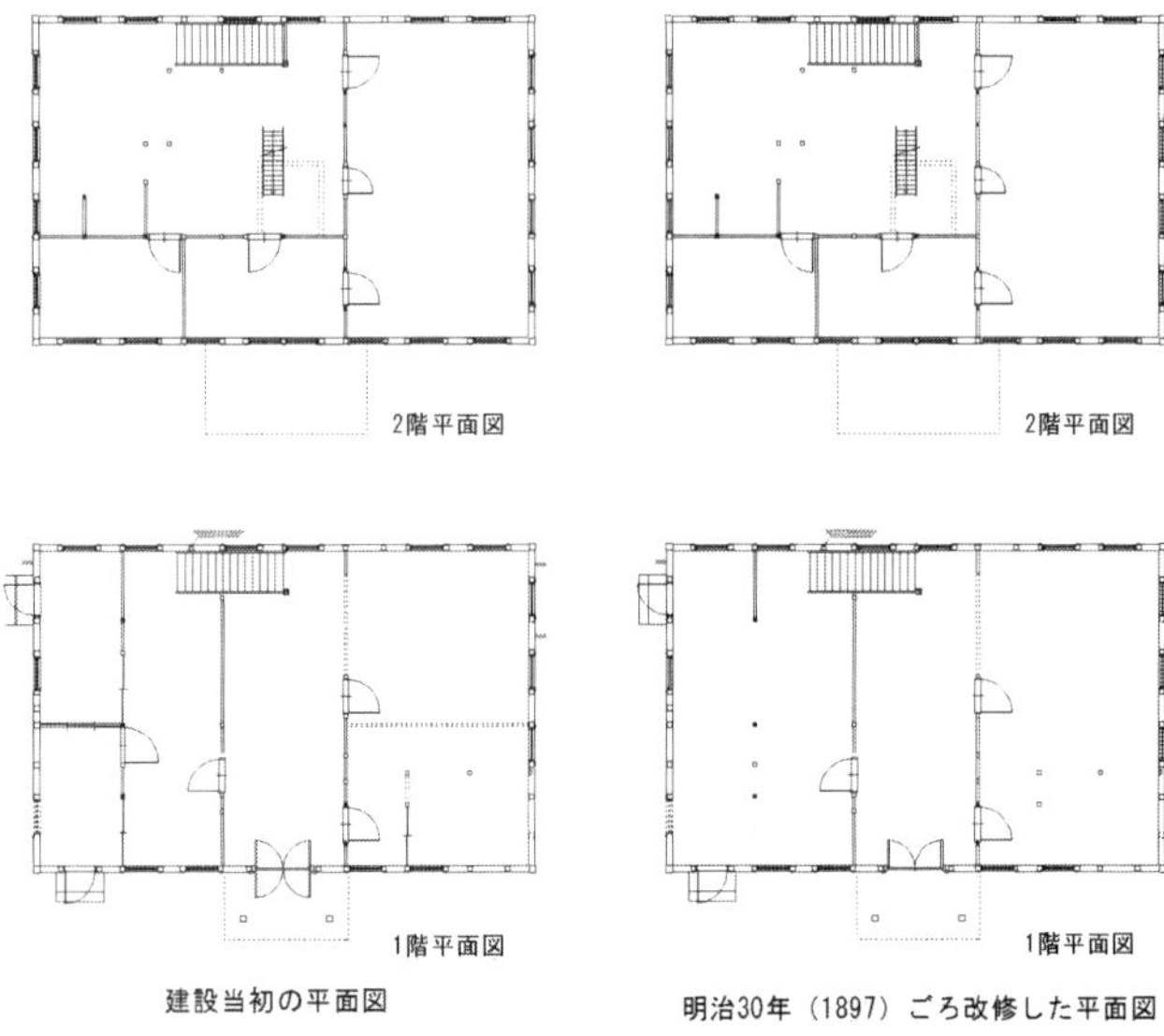

松江警察署の復原平面図

われていた書類などが発見された。それによってこの建物が最初から幼稚園として建てられたのではなく、初代の松江警察署庁舎として建てられたものではないかということがほぼ確信となった。解体しながら調査をした結果、間違いなく初代松江警察署建物の再利用であることが裏付けられた。窓は縦長の上げ下げ窓だが、その配置は初代松江警察署の写真と一致する。そして玄関扉上部欄間窓は半円形のファンライトと呼ばれる明治特有の意匠であり、二代目島根県庁舎の意匠とも重なるものであった。

出来る限り詳しく調査を行った結果、松江市指定有形文化財として指定されたが、建物は解体されたままで部材となって保管されている。これが再建されれば、警察庁舎としては日本でもっとも古くに建てられたものになる。しかるべき場所を選び、元の姿に戻して再建できることを切に願っている。

明治維新で社会のすべてが変わった

明治維新は御一新とも呼ばれるように社会のあらゆる慣習や情勢が変わる一大革命であった。暮らしの中でも暦も時間も服装も物の重さや長さをあらわす単位や貨幣の単位も変わった。教育は国民皆教育、移動の自由、商売の自由そして宗教も自由化されたが、最も変わったのは政治体制かもしれない。幕末の慶応元年（一八六五）には二六六家（近世藩政藩校大辞典）もの藩がそれぞれに

松江刑務所　昭和31年（1965）
4代目県庁焼失直後（島根県蔵）

自らの領地を治め、独自の制度、独自の法制を敷きながら領民と共に暮らしていた。それを明治政府はすべて国の中央集権とし、あらゆる義務や法や決まった制度を一律に国民に従わせることとした。そのために明治政府は実に多くの官庁施設を作らなければならなかった。新たに各町村に役場を設け、学校を設けた。更に警察署や消防署、税務署、裁判所と言った新しい組織も要所におかなければならなかった。警察や消防組織が藩政時代にもなかったわけではないが、武士が作ったそれらは武士を取り締まり、武家の家のみの火を消すのが原則であった。民間に関してはほとんど民間で対処するのが原則であった。そこに明治政府を揺るがす大事件が起きた。

内乱の時代

明治政府は建前上身分制を失くし、武士を廃止した。それまで身分上最高の権力を持っていた立場が、すべて失われた。それだけならまだいいが、それまでに生産的労働に携わったことがほとんどない武士たちは商売もできず物を作ることもできず、生活は一気に貧窮するものが多かった。そんな旧武士たちの不平不満は明治七年（一八七

前原一誠

四）頃から反乱と言う形を伴って現れることとなった。西郷隆盛は征韓論を打ち立て、それを危険視する大久保らとの対決が高まり、下野せざるを得なくなったのは明治六年（一八七三）である。不満分子たちは西郷への期待を高まらせていく。西郷の決起、薩摩の旗揚げを期待して彼らは各地で反乱を起こしていく。佐賀の乱（明治七年（一八七四）二月）、熊本の神風連の乱（明治九年（一八七六）九月）、福岡の秋月の乱（同年十月）、そしてそれらに呼応して十月には萩でも反乱が起きた。前原一誠は維新の英雄の一人、松下村塾を助けた吉田松陰の縁戚に当たる。彼は思いを同じくする旧武士たちとともに乱を起こすが、山口県令によって追い詰められていく。乱の首謀者たちは自分らだけで勝てると思っていたわけではなく、この乱に呼応して薩摩が、西郷が挙兵してくれることを期待していたのだ。しかし西郷が動くのは明治十年（一八七七）になってからであった。前原らは追われて小舟で日本海を北上し、島根県の宇龍港に上陸した。実は前原一誠と島根県は以前から少々縁があった。明治初期、松江藩の藩校であった修道館に請われ、その校名を扁額に揮毫していた。宇龍港に前原が漂着したことを知った第五代島根県令長州藩出身の佐藤信寛は慌てた。まだ、警察組織も満足にできておらず、県庁の一部に警察部署ができかけていた頃であった。捕縛を編成し、やっとのことで前原を確保したのであったが、それに呼応するように島根県内でも各地で狼藉を働くものが出てきた。いよいよ県は警察組織を充実させる必要性を切実に感じ始めた。そして明治十年（一八七七）二月九日、ついに西郷が起ち薩摩兵を率いて熊本城を落とし、福岡にも迫らんとしていた。危機を感じて増兵した政府軍によりやっと押し返され、薩摩まで落ち延びた末に同年九月二十四日に城山の洞窟で自刃するのであるが、この事件はいよいよ各県為政者たちの心胆を寒からしめた。警察組織の編成はいよいよ急務となった。さらに島根県は明治九年（一八七六）の浜田県、鳥取県との合併により大島根県となり、行政面積が大幅に増えたこともあって、様々な組織の人数や面積を増加させる必要が生じた。明治十二年（一八七九）、やっと旧藩時代の建物を利用して設けられていた県庁舎を新たに新築した。

2代目警察署庁舎（松江歴史館蔵）

警察組織の基盤が確立するのは明治八年（一八七五）に規則が施行されたことによる。それまでは警察出張所、屯所などに駐在など旧藩の番所跡などを利用して対処していた。規則の施行を受け、また浜田県、鳥取県との合併を受け、明治十二年（一八七九）には県庁舎を新築すると同時に独立して警察新庁舎も計画されたが、初代松江警察署の竣工はやや遅れ明治十三年（一八八〇）十月二十五日であった。建設場所は県庁舎南側の現在島根県警建物がある敷地内であった。ここに建てられたのは県庁西側の旧藩お花畑跡地に当時建っていた明治十一年（一八七八）建築の鑑別所の見張りをしやすくするためでもあった。その後大正六年（一九一七）に同敷地に二代目庁舎が建て替わっている。その時初代庁舎は解体され、民間に払い下げられて雑賀幼稚園として再建された。「雑賀の今昔」によると、教員であった中田テルが私財を投じて雑賀町に幼稚園を創立したのは大正五年（一九一六）となっている。雑賀幼稚園の古写真と初

床几山から見た幼稚園に移築転用された庁舎
（松江歴史館蔵）

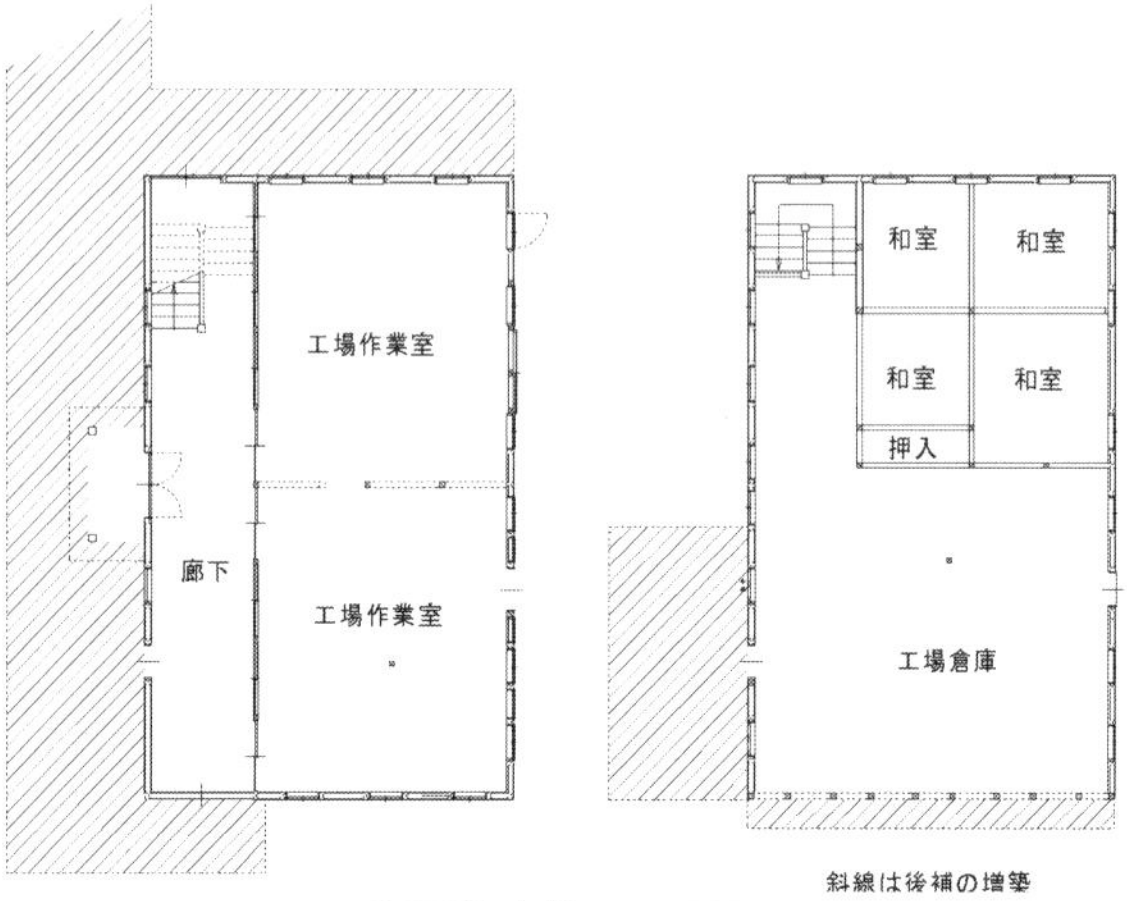

北辰堂時代の平面図

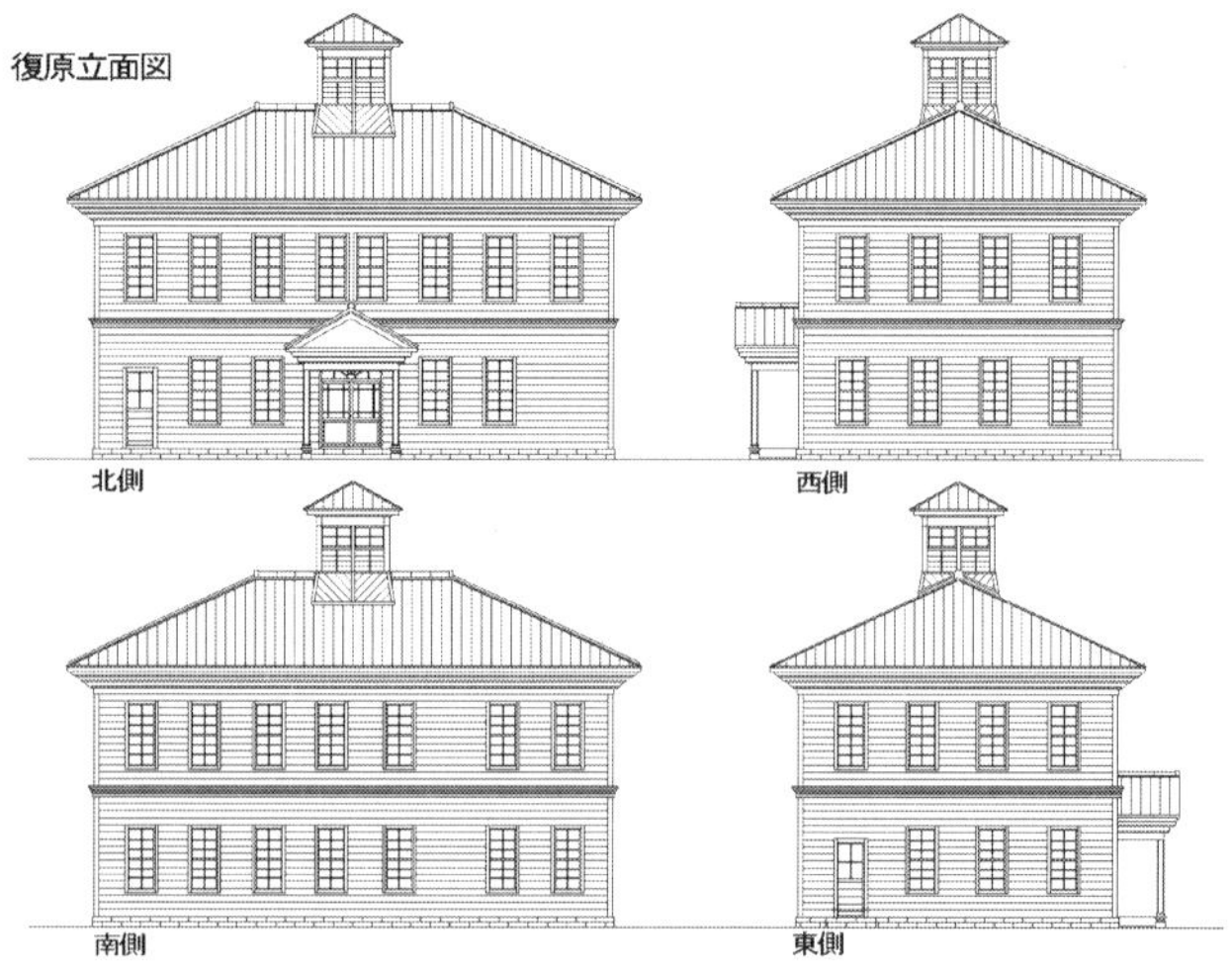

建設当初復原立面図

代松江警察署の古写真を比べると窓なども一致することから、二代目庁舎建設にあたり、初代庁舎を解体して払い下げ、中田テルは不要な部分を切り詰めたりしながら雑賀幼稚園として再建したものと思われる。元あった建物の物見やぐらは取り外され、建物の二階軒下部分が九十cm近く縮められて、元あった刳り形などの装飾も撤去されていた。

中田テルと雑賀幼稚園

雑賀幼稚園は大正五年（一九一六）、元附属小学校の教員であった中田テルが私財を投じて雑賀町の二丁目の四丁目に幼稚園を創立したことに始まる。翌年私立幼稚園の許可が下りたのと同時に園舎を五丁目の一丁目に移転したとなっている。その当時の写真が『雑賀の今昔』に掲載されているが、物見櫓を除き、窓の配置、形、数などはほぼ初代松江警察署庁舎と一致する。その後、昭和四年（一九二九）に雑賀幼稚園は、経営を松南教育会に移管し、園舎も雑賀小学校記念館に移転するが、そ

開園当時の園舎（白潟公民館蔵）

の時に雑賀幼稚園舎は個人事業主に譲渡され、北辰堂という会社となった。

北辰堂

この会社は平成十二年（二〇〇〇）ごろまで線香を製造していた。解体前の状況は北辰堂工場（旧警察署部分）建物の一階に線香工場の機械が所狭しと並び、二階はその線香を乾燥させるための木枠に紙を張ったパレットがうずたかく積まれた部屋と、宿直か住まいに使ったと思われる部屋があった。北側には工場のために増築された二階建があった。

　北辰堂の工場部分であった元松江警察署建物は道路に面していなかった。道路に面していたのは

解体前　左が道路に面した貯蔵施設

別棟の二階建であった。その一階は倉庫や従業員の休憩所として使われていた形跡があり、二階は製品である線香の乾燥場として使われていたと思われる長手方向の窓はすべてスライドすると開口になる無双窓が設えられていた。この建物も昭和初期の町工場の建築として貴重なものであると思われたが、保存するに至らなかった。

北辰堂としてこの会社は戦時中には軍事物資を作ってもいたということであるが、その後平成十七年（二〇〇五）頃まで線香工場として操業されていた。雑賀町にはこのような町工場などの製造業を行う事業所も数多くあり、この建物は松江における町工場の歴史を残す、数少ない歴史遺産でもあったと思われる。

県内の警察署と派出所

明治十一年（一八七八）ごろから県内各地に警察署が設けられた。それらのいくつかが写真に残されている。それを見るとほとんどは木造二階建てで、見張りを兼ねた望楼を持っている。杵築警察署にあっては出雲大社神苑の入口にあり、かなり象徴的な建物でもある。威厳と先進性を併せ持つ重要な官庁建築であったことであろう。

さて明治になって、警察機構が徐々に充実されていったことを書いたが、同時進行で裁判所や監獄などの関連する施設の整備も急ピッチであった。少し遅れて消防署などの施設も、当初は警察と一体であったが不都合も多くなり独立して設けられるようになった。

松江の巡査屯所の図
明治10年（1877）（県警本部蔵）

派出所と松江市警察署

また、松江市内においても各駐在所が随所に設けられている。明治期にあっては水上警察なども設けられていたが、それらについては写真が残っていない。元警察派出所の写真はいくつか残されている。新大橋の南詰めあたりにほんの最近まで出雲倉庫の隣地に旧白潟派出所の建物であったが、撤去されてしまっていた。ひょっとしたらこれが最後に残っていた近代建築的な派出所であったかもしれない。

警察庁舎建築状況（明治11～13年）

建築年月	警察署／分署	着工	建坪（㎡）	経費
11年 7月	広瀬署佐白分署	6月	10坪5合（35㎡）	208円47銭
12年10月	西郷警察署	6月	29坪（95.7㎡）	569円10銭
11月	掛合警察署	6月	35坪2合（116.2㎡）	700円33銭6厘
12月	浜田署浜田分署	8月	8坪（26.4㎡）	189円37銭
13年10月	杵築署平田分署	7月	8坪5合（28.1㎡）	203円12銭6厘
11月	松江警察署	6月	66坪4合（219.1㎡）	2,095円21銭5厘
11月	杵築署大田分署	10月	9坪5合（31.3㎡）	428円60銭

昭和二十年代だと思えるが、現在竹島記念館が建っている辺りに松江市警察署が建設された。法律が変わり、市でも警察署が持てるようになり、松江市が建設したものだ。この頃の松江市庁舎は同じ殿町の現在県民会館の南側駐車場辺りにあったため、この一帯は市や県の官庁庁舎がまとまって建っている地域であった。この建物は後に松江市消防署となり、昭和三十三年（一九五八）の県庁周辺整備計画による県立博物館建設の時までそこにあった。

元白潟派出所であった建物、消防署にも使われていたようだ

旧松江市警察署、後に消防署（島根県蔵）

第11章　美保関灯台の誤解

バルチック艦隊の見張りも

美保関灯台で双眼鏡をのぞく担当吏員は、遠くで鳴り響く砲声を聞いていた。明治三十八年（一九〇五）五月二十七日から二十八日にかけて対馬の方角から聞こえる重い艦砲の音は不安をさらに掻き立てていった。ロジェストヴェンスキー率いるロシアバルチック艦隊は東郷平八郎率いる日本海軍連合艦隊と対馬沖で対峙した。秋山真之の「・・天気晴朗なれど波高し」の有名な打電から、様々な新戦法を駆使した日本海軍とバルチック艦隊との海戦は火ぶたを切った。その打電はあるいは灯台吏員にも届いていたかもしれない。

明治になって三十年代になると、特に明治政府は日本海側にたくさんの灯台や浮標を設置した。それは日露戦争におけるロシア艦隊の見張りの役目を兼ねているとも言われ、各灯台は必要以上に高い

美保関灯台
明治31年（1898）初灯

丘や岬の突端に設けられ、低い場所ではできるだけ灯台を高くして、見張りをしやすいようにした。日御碕灯台もその典型であり、小高い岬にありながらなお東洋一の高さと言われるほどの高さの灯台とした。日本海海戦では日本海軍連合艦隊が奇跡ともいわれる勝利を手にした。その勝因はバルチック艦隊が日本から遠いロシアの北側の港からヨーロッパの西側を回り、アフリカの南端からアジアを経由する遠大な航海の果てにたどり着いたがためにすでに疲弊していたという要因もその一つと司馬遼太郎は分析している。

美保関灯台　遠景

美保関灯台の誤解

美保関灯台の初灯は明治三十一年（一八九八）十一月八日であった。灯台ビュッフェの中にある説明書きには設計者はフランス人、フランソワーズ・レオンス・ヴュルニーとなっている。ヴェルニーは明治の初期お雇い外国人として政府に雇われ、犬吠崎灯台など数灯の灯台建設に携わっている。しかし、ヴェルニーの本職は造船技術者であり、横須賀のドックなどヴェルニーをはじめとしたフランス人たちが作った造船所と鉄工所

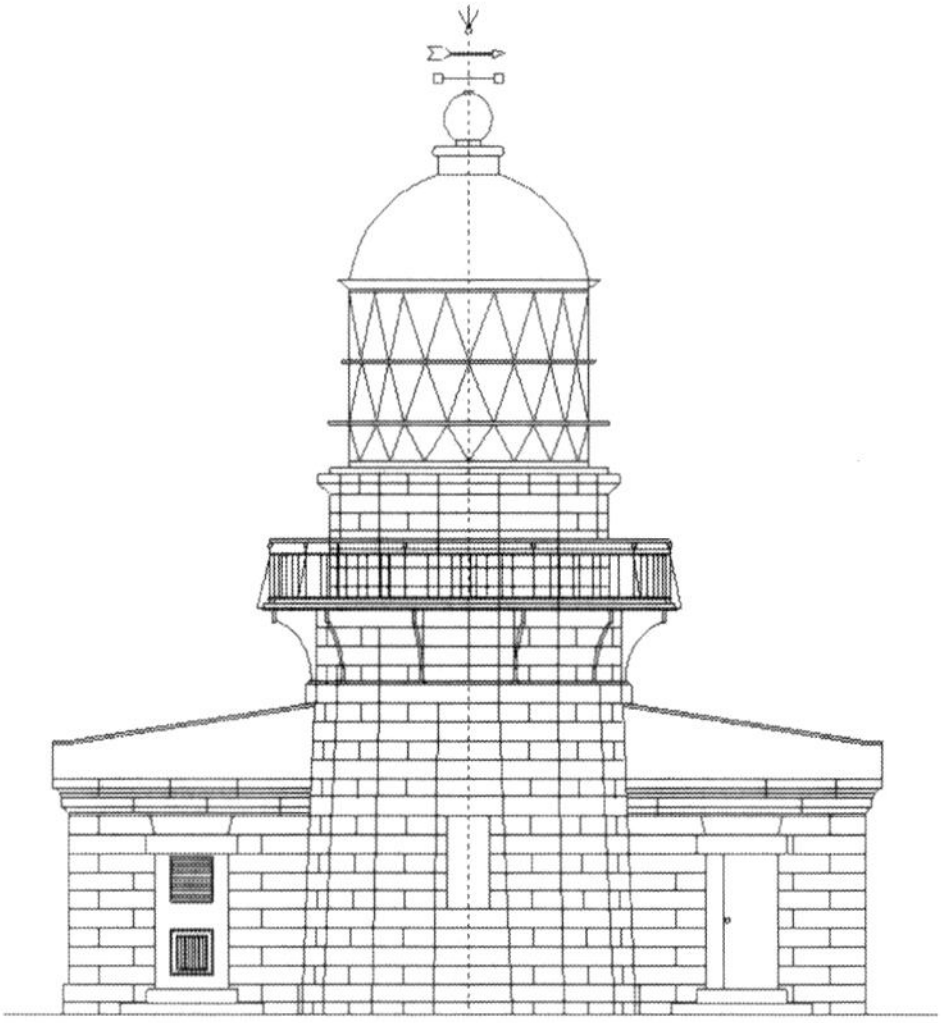

美保関灯台立面図

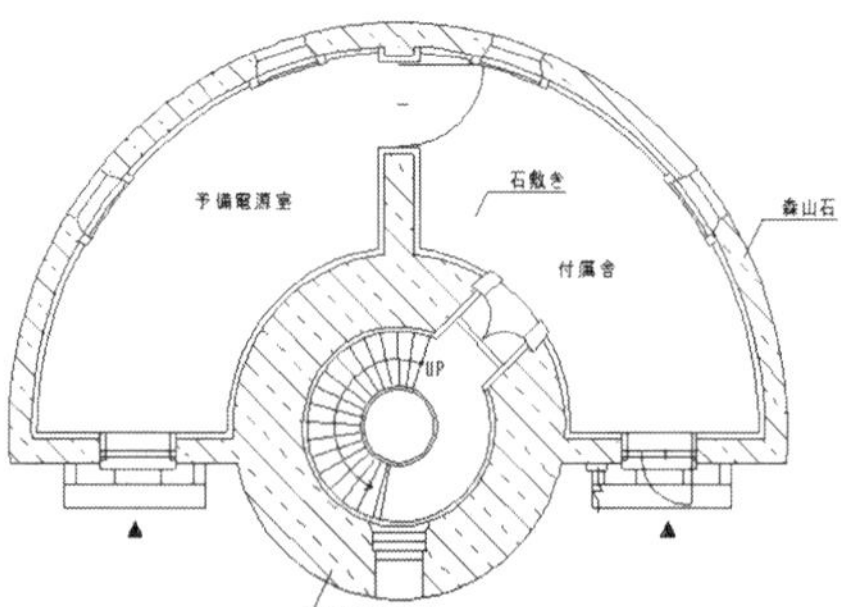

美保関灯台　平面図

は日本の重工業の基礎をも作ったと言えるだろう。ヴェルニーの設計と言われる明治初期の灯台も、ほとんどはヴェルニーの下にいたルイ・フェリックス・フロランが設計したものだ。横須賀には今もヴェルニー記念館がある。しかし、このヴェルニーも明治九年（一八七六）ごろには日本を去っている。フロランも明治七年（一八七四）には本国に帰っている。美保関灯台の初灯が明治三十一年（一八九八）であることからもヴェルニーらフランス人の設計というのはありえない。そもそもこの灯台はスコットランド式の灯台であり、ヴェルニーたちが明治初頭に日本各地で建設したフランス式の四灯台とはデザイン傾向が異なっている。スコットランド式の灯台を日本にもたらしたのはリチャード・ヘンリー・ブラントンであった。彼はやはり日本へ行って一旗揚げようとした多くのお雇い外国人たちと同じであったろう。日本で灯台技術者を募集しているのを知り、急遽専門家に教えを請い、猛勉強の上モデルとなる灯台の図面を借り受けて来日した。

　スコットランド式の灯台の特徴は、高く伸びる塔身が円形になっていることが多く、一階に半円形の前室のような建物があることが多い。対してフランス式の塔身は多角形であることが多く、一階の前室は半円形でなく四角であることが多い。美保関灯台の形

吏員退舎入口

建設直後の美保関灯台と吏員退息所（島根県立図書館蔵）

はスコットランド灯台そのものだ。しかし明治三十一年（一八九八）初灯のこの灯台に明治十年（一八七七）に故国に帰ったブラントンが関わっていたこともやはりあり得ない。このような誤解が生まれたきっかけは司馬遼太郎だったかもしれない。彼は美保関灯台を訪れた際、レンズがフランス製だったことを知り、ヴェルニーが関わっているのではないかと思ったのではないだろうか。彼は吏員退舎アプローチの小さな並木もフランスによくある糸杉ではないかと言ったようだが、これも正真正銘カイヅカイブキである。因みに日御碕灯台にもフランス製のレンズが使われていて、当時はフランスから輸入していたものと思われる。日本がレンズや板ガラスを製造していくのは明治も後期になってからだ。吏員退舎入口の郵便マークは灯台がこの時代逓信省の管轄であったためで、郵便局を併設していたわけではない。

　島根県における明治時代の灯台は三基あって、前述の美保関灯台と、日御碕灯台（初灯明治三十六年（一九〇三）四月一日）の他に浜田の馬島灯台（初灯明治三十一年（一八九八）五月一日）がある。初灯だけを見れば県内で最も早いのは馬島灯台となる。但し、灯台自体の竣工は美保関灯台が最も早い。

日本人技手《ぎて》が作った灯台

ブラントンが離日した後は、逓信省航路標識管理所が灯台建設の職に当たっていた。美保関灯台建設の前後の「職員録」をつぶさに見ると、その中でも灯台の設計ができたと思われる頃の技師にはイギリスで建築を学んだ藤倉見達《みたつ》と、工学博士で後に鉄筋コンクリート構造の権威ともなる石橋絢彦《あやひこ》がいた。そしてその下の技手に、黒田喜睦《よしむつ》等の名前が見られる。美保関灯台竣工式の山陰新聞記事によれば、技術者の名前の筆頭に黒田技手の名前が出ていることや、国有財産台帳の吏員退息所建築者に黒田の名前が挙げられていることからも、この美保関灯台については現場監理者は黒田喜睦であり、黒田が設計も行った可能性は高い。

出雲市の日御碕灯台も同様なことが言え、美保関灯台の四年後の建設でもあり、これも塔身が丸いスコットランド式の灯台といえる。設計者は石橋絢彦、現場監理者は宮谷佐吉と思われる。日御碕灯台は非常に珍しく、外が石で内側が煉瓦の二重構造になっている。これは耐震性を重視してブラントンが他の灯台で採用しているが、石橋は現地の状況を踏まえて設計し直したものと思われる。

ちなみに日御碕灯台に使われた石は、美保関灯台に使用された森山石と同じもので、美保関から採掘して使用している。特別に硬い石ではないが、地元でたくさん採れるという点から採用されたものと思われる。この森山石は美保関のまちの石畳の材料としても使われているし、松江の武家屋敷の一部にも使われていることが確認されている、ただ、その石は浴室の基礎廻りに使われているが後補のものであり、近世に作られた浴室かどうかは不明だ。

灯台は通商修好条約によって建設を義務付けられた

藩政時代において、航海する船の頼りとなるような灯り台は港や岬の先端のような船から見えやすい場所にいくつか作られた。しかし、それらの灯りは蝋燭か油を灯しただけの貧弱な明かりでしかなかった。そもそも日本の船の航海は明るい日中のみで、夜間は最寄りの港に寄港することが一般的であった。夜中も走りとおすということは稀であり、諸外国に遠洋航海するようなことは江戸幕府によって禁止されていた。しかしその時代において世界の船は遠く新大陸にまで航海することも当たり前であり、灯台の役目は船の座礁を防ぎ、陸地の場所を知らせるために非常に重要な役割を持っていた。灯台の燈は一晩中、できるだけ遠くにまで届くようでなければならなかった。

幕末の開国に伴い各国と通商修好条約を結ぶにあたり、外国船の安全を保障するためにも要所への灯台設置が同時に要求され、条約に盛り込まれた。アメリカ、イギリス、フランスなど、多くの国が灯台の設置を急き立てた。日本の沿岸や港に浅瀬や岩礁が多いため座礁する危険が大きいためである。日本のそれまでの建築技術は木造の櫓を組むか、石を組むぐらいでしかなく、強風の沿岸に高い建物を建てることはできなかった。またかがり火を焚くだけの日本に対し、海外ではレンズを使って、より遠くにまで光を到達させる技術を持っていた。灯台を作るにあたり、海外の灯台建設技術を導入せざるを得なかった。最初に日本で多くの灯台を作ったのは前述したフランス人のフロ

美保神社前の常夜灯

ラン、ヴェルニーであり、彼らは横須賀港において造船技術を日本人に指導したり、造船所を建設したりしていた造船技術者が本職であった。しかし彼らはフランス式の灯台を日本各地に作っていった。さらに油の光を増幅させるレンズを本国から輸入し、それを日本の新たな灯台に据え付けていった。もう一人前述したブラントンが日本に派遣された。彼は若くまだ十分な技術を取得していなかったが、日本渡航に際しスコットランドの灯台専門家スチブンソン兄弟の下で急遽灯台技術を学び、明治元年（一八六八）灯台技術者として来日し、それ以来ヴェルニーらフランス人技師に代わって日本の灯台を明治十年（一八七七）ごろまで建設し続ける。

ちなみにヴェルニーらが建てた灯台は煉瓦造であり、地震によって倒れ、特に大正十二年（一九二三）の関東大震震災によってすべてのフランス灯台は崩れ落ちた。ブラントンが設計した灯台は六連島灯台（明治四年（一八七一）、石造）や犬吠埼灯台（同七年、煉瓦造）など二十八基以上あるが、構造は煉瓦や石造がほとんどであったが、関東大震災でも倒れなかったものが多い。関東地方に作られた灯台が多くなかったこともあるかもしれないが。

フランス人設計の灯台（ヴェルニー、フロラン）

	灯台名	灯台高さ	完工年月	構造	備考
1	観音崎灯台	19m	明治２年１月	レンガ造	大正11年（1922）地震により倒壊 再建後半年で翌年の関東大震災により再び崩壊 現在の灯台は三代目
	日本の灯台50選		大正12年再建	RC造	
	神奈川県横須賀市		大正14年再建	RC造	
2	野島崎灯台	29m	明治２年12月	レンガ造	日本初の洋式灯台 関東大震災（大正12年9月）により倒壊 8角形で再建
	日本の灯台50選	登録			
	千葉県南房総市		大正14年８月	RC造	
3	品川灯台	9.1m	明治３年３月	レンガ造	関東大震災でも無事だったが明治村に移築された際はRC造で復原
	旧所在 東京都港区		昭和39年		
	現在 犬山市明治村				
4	城ケ島灯台	11.5m	明治３年９月	レンガ造	関東大震災（大正12年9月）により倒壊 円形塔身で再建
	日本で5番目		大正14年８月	RC造	
	神奈川県三浦市				

ブラントン設計の主な灯台

灯台名	灯台高さ	完工年月	構造	所在地
樫野埼灯台	14.6m	明治３年６月	石造	和歌山県串本町
潮岬灯台	22.5m	明治３年10月	木造	和歌山県串本町 日本の灯台50選
六連島灯台	10.6m	明治４年12月	石造	山口県下関市
石廊崎灯台	11.4m	明治４年10月	木造	静岡県南伊豆町 昭和７年暴風で大破、昭和８年RC造再建
鍋島灯台	9.8m	明治６年２月	石造	香川県坂出市 近代化産業遺産
犬吠埼灯台	31m	明治７年11月	レンガ造	千葉県銚子市
御前崎灯台	22m	明治７年５月	レンガ造	静岡県御前崎市
角島灯台	30m	明治９年３月	石造	山口県下関市

第12章　インフラの整備と松江市役所

街の灯はガス灯から電気へ

明治八年（一八七五）文明開化を旗印に様々な改革が日本中で進んでいった。手のひらを返したような外国文化の取り込みの奨励により、藩政時代にはなかった商売も数々生まれてきて、商店に新たな活気が生まれようとしていた。しかし、昔と変わらず夜は暗かった。蝋燭か油しか灯りのない江戸時代、夜明けとともに生活が始まり、日没とともにそれを終える生活習慣で、時間も明け六つから暮れ六つは実際の太陽の運行と共に季節によって長さは変わっていた。それが午前午後を十二時間で分割し一日の時間が固定された時間の長さとなったことは、太陽と共に生きてきた江戸時代の庶民にとってなかなかなじめなかったものに違いない。だから、昔なら生活を終える日没後の時間であっても、まだ仕事を終える時間には早いというのでおかしな

『山陰道商工便覧』（明治20年（1887））から尾原呉服店のガス灯
（松江歴史館蔵）

感覚に陥った。そんな中で商売をする人たちは夜のまちを明るくしたいと考えていた。

　そこでガス灯の開発を機に、市民たちは私費でガス灯を設け始めた。明治八年（一八七五）正月、白潟本町に一基、天神町に七基のガス灯が初めて設けられた。この時のガス灯はガラスの容器の中で油を燃やし、ガス化して灯りを得るものであった。しかし、松江の夜を明るくする、まさに文明開化のガス灯であった。これらは評判も良かったようで、後を追うように追加新設されていった。そして松江電燈会社が設立されることによって街に電気の灯りがつくのは二十年後のことだった。

床几山配水池の外灯

　床几山配水池にはガス灯と思える外灯二基がある。羽のような飾りには明治二十四年（一八九一）三月と書いてあり、「原正」と読める部分もある。これが松江で使われていたものかどうかはわからない。因みにその二十四年（一八九一）は第十五代松江大橋開通の年だ。

石炭で発電　最初の電気

明治二十七年（一八九四）七月に始まった日清戦争は翌年まで続いて終わった。戦争に勝利した日本は清国から巨額の賠償金を得た。その賠償金は国内産業の発展に活用されて日本は本格的な工業化の第一歩を踏み出した。軽工業などの産業は飛躍的な発展を遂げてこのような流れに呼応し、明治二十八年（一八九五）四月、松江市に「松江電燈株式会社」が発足した。資本金は三万五千円で出力は三十四kwを予定し、本社と火力発電所を城山椿谷に置いた。発電所

左上の煙が昇る煙突が発電所（松江歴史館蔵）

の跡には記念の碑が設置されていて、明治三十二年（一八九九）発刊の松江亀田山の絵図には、煙を噴き上げる発電所の煙突も描かれている。松江電燈株式会社の社長には桑原羊次郎、支配人山本誠兵衛、従業員は二十人で発足した。実際に点灯したのは同年十月二十二日で、電柱二十五本を建て二五〇余燈に送電した。料金は最も需要が多かった十燭光で月額一円十銭であり、現在の経済に換算すれば月に四〜五千円というところか。同社は明治三十四年（一九〇一）、本社を南田町に、翌三十五年（一九〇二）火力発電所も同所に移転したが、大正元年（一九一二）には火力発電所を建設。大正六年（一九一七）から「出雲電気株式会社」と改称し、その後も統廃合を繰り返し、太平洋戦争後は中国電力に統合されて現在に及んでいる。

松江電燈株式会社
（松江歴史館蔵）

飛脚から郵便へ

藩政時代の書状等の送付は飛脚便など人力によって賄われていた。明治四年（一八七一）郵便規則が定められ新しい郵便制度がスタートした。松江で取り扱われるようになるのは明治五年（一八七二）からで、最初に灘町に郵便取扱所が設置された。明治八年（一八七五）には松江郵便局と改称し徐々に投函用のポストを設置し、切手払下げ支店も開設された。この後県内各地に郵便局が設置されていく。松江郵便局が白潟本町に新築されたのは明治二十四年（一八九一）九月であった。現在はそこにスティックビルが建っている。

電信という通信

明治二年（一八六九）、東京横浜間に架線が張られて最初の電信が開通した。松江にそれが

松江電信分局『山陰道商工便覧』（松江歴史館蔵）

設置されたのは明治十二年（一八七九）のことであり、最初の電信分局が松江大橋北詰に設置された。電信は架線によって繋がれ、三十～四十メートル間隔で電信用の柱が設けられた。第十五代の松江大橋には電線が設けられ、『山陰道商工便覧』の中に描かれた店舗の店先にも架線が描かれている。その年の五月に松江—浜田—萩間、十二月に松江—鳥取間が開通している。松江の電信分局はその後電信局と改称され、明治二十二年（一八八九）には郵便局と合併した。大橋北詰めの旧電信分局の跡地には大正十年（一九二一）に松江キネマクラブが建てられている。

新聞は民主化の象徴か

島根県下で初めて新聞が発行されたのは明治五年（一八七二）十月のことで、「島根新聞」と名付けられ、松江京店で発刊された。紙面の形式などは一切不明。しかし、八号か九号を出して廃刊。明治八年（一八七五）には浜田でも新聞が発行されたという話もある。ついで明治十

岡崎運兵衛

二年（一八七九）八月に「松江新聞」、明治十四年（一八八一）一月に「島根広報」が発行されている。「松江新聞」は岡崎運兵衛らが発起人となり、天神町で発行した。松江郵便局の北側で白潟本町通りに面していたようだ。間もなく京店に居を移す。「島根広報」はよく分からないが、「松江新聞」は長続きせず、明治十五年（一八八二）五月には「山陰新聞」が「松江新聞」を受け継いで発行された。最初の社屋は白潟本町の現在山陰合同銀行本店の所在地であった。その後明治十九年（一八八六）に「雲陽新聞」が発行された。

松陽新報社　明治42年（1909）竣工

「山陰新聞」は昭和十五年（一九四〇）には「読売新聞」の傘下となるが昭和十七年（一九四二）まで続き、「松陽新報」と合併して「島根新聞」としてスタートする。同新聞は昭和二十七年（一九五二）に「山陰新報」と改名。昭和三十二年（一九五七）「島根新聞社」に変更され、昭和四十八年（一九七三）「山陰中央新報社」となる。「松陽新報」は明治三十四年（一九〇一）十一月創刊された。創立者は岡崎運兵衛、彼はそれまでにも「松江新聞」、「松江日報」の発刊に関わったがいずれも短命に終わった。「松陽新報」の発行は周到な準備の下、万全の編集態勢で臨んだ。創刊当時の新聞代は一部一銭五厘、一ヶ月二十五銭、月給は記者が十円であった。

もめる松江市庁舎の移転場所

国の方針が明治二十二年（一八八九）に出来、市・町・村にまとめられることになった。松江市は市政を整え、殿町の勧業展覧場（その後、その場所には松江市公会堂建設）の一部を借りて業務を開始した。同年六月二十八日のことであった。明治二十五年（一八九二）に使用期限が来て末次の民家に仮移転した。これより前から殿町一二八番地に移転場所は確保していて、明治二十六年（一八九三）五月一日に木造二階建ての新庁舎が竣工した。この時母衣町、北殿町、城山大手前、灘町も移転候補地に挙げられたが、最終的に殿町に落ち着いた経緯がある。

終戦直前の昭和二十年（一九四五）七月その初代庁舎は戦争の家屋強制疎開の名目で取り壊され、しばらく隣接の松江市公会堂の中で執務を行い、昭和二十四年（一九四九）十一月に旧市庁舎跡地にバラックの庁舎を新設した。不便をかこっていた市庁舎は昭和三十一年（一九五六）には建替えようとしたが、県庁舎の焼失（同年十二月）なども原因となって踏み切れなかったようだ。しかし昭和三十四年（一九五九）になって議会に建設企画委員会が設置され、本格的な新庁舎建設の検討が始まった。昭和三十五年（一九六〇）一月、設計を中国地方建設局に委託し、昭和三十六年（一九六一）二月に着工し、翌三十七年（一九六二）四月三十日に竣工した。

さて、丁度今（令和二年（二〇二〇）六月）に

松江市公設市場　昭和9年（1934）竣工（松江歴史館蔵）

新しい松江市庁舎の建設計画に基づき設計が進められている。しばらく前に建設費が一二〇億円の予定が一五〇億円に跳ね上がった。そして期せずして新型コロナの流行が始まったことも相まって市役所建設を見直そうという市民運動が盛り上がってきた。市民運動側では学園南の旧県立プール跡地、あるいは西嫁島の旧ホテル宍道湖跡地を候補として建設地の見直しも提案している。昭和三十六年（一九六一）の新市庁舎建設の時も当初の工費二億円の予定が途中で二億三八〇〇万円に跳ね上がっている。そしてこの時も橋北の末次の埋め立て地（競輪場跡）に建てる案を推す派と、橋南を押す派とに意見が分かれた。議員全員での投票では一票差での決定で原案の末次に決まった。歴史は繰り返すとはよく言ったものだ。

松江市公会堂（左）　昭和9年（1934）5月　木子七郎

第13章　障がい児救済と教育に生涯をささげた兄妹

松江を襲った大水害

明治二十六年（一八九三）は不吉な年であった。その年の十月に長雨が次第に激しさを増していった時、大橋川の増水は急激に広がった。そして松江市内にあふれ出し、多くの家屋を水に飲み込み、脆弱なものを流し去らした。その時の流失破損家屋は七千四百五十四棟に達し、橋梁の流失も三八八八か所に上った。浸水家屋は二万六千百二十九棟であった。市民の人的被害も大きく、死者は六十二名、行方不明者は百十四名もあった。洪水の後松江は家を失った人々であふれ、行政も救済に当たっていったが、それに加えて飢餓と伝染病の発生が重くのしかかった。さらに親を失った子供たちも数多くいて、孤児となって彷徨っていた。

福田平治

それら洪水難民を救済しようと多くのまちの実力者たちも奮闘し、ラフカディオ・ハーンも遠く熊本の地から義援金を送っている。しかし、孤児となった子供たちを救済するような施設はまだ整備されていなかった。それを強く憂えたのが福田平治であった。

孤児救済に立ち上がった平治

平治は慶応二年（一八六六）鳥取市に生まれた。生業は三度便などを扱う裕福な商家であった。明治十一年（一八七八）祖父は印刷所を開くべく鳥取から松江に居を移し、妻や孫の平治を同道した。

明治二十六年（一八九三）暴風雨に襲われて松江市一帯も大洪水となった。それによって多くの孤児が生まれたことを憂え、明治二十九年（一八九六）三月五日、平治三十一歳の時、子供たちの面倒を見るために「松江育児院」を開設した。当初は印刷所の建物内で面倒を見ていたが、手狭となり外中原に移した。さらに翌年城山二の丸に移った。その後印刷所を売り払い、明治三十七年（一九〇四）に北田町に土地を購入し育児院を新築した。平治は同時に育児院の他に愛隣

平治の妹与志の胸像

老人ホームや無料宿泊所、共同風呂などを作り、福祉活動に専念することとした。平治の育児院には身体に障害を持った子供も数多くいた。彼らの教育を助けたのは平治の妹与志であり、その後彼女は京都盲唖院で働き、退職して明治三十八年（一九〇五）に松江市母衣町に「松江私立盲唖学校」を開設した。その場所は現日本銀行松江支店の道路向いになる。

愛隣会館の建築

愛隣会館は福田平治の情熱によって建てられた。木造二階建てで延べ九四・一九㎡、木造木製キングポストトラス構造で昭和六年（一九三一）十月四日に上棟された。平治は孤児となった子などの心の荒廃を憂え、キリスト教の教えに近づいていった。きっかけとなったのは、岡山で孤児院を経営していた石井十次を知ったことで、彼はクリスチャンであった。そして明治二

愛隣会館　外観

十三年（一八九〇）から松江に滞在していた英国聖公会宣教協会（ＣＭＳ）の宣教師バックストン夫妻とも知り合い、明治三十年（一八九七）バークレイ・バックストンにより洗礼を受けることとなった。バックストン夫妻との交流から、その後事業拡大して大正九年（一九二〇）に「愛隣社」を作った中にキリスト教布教の目的として「愛隣会館」を建築したものと思われる。

愛隣会館の屋根裏には平治が文面を書いた棟札があった（棟札は調査時には桁から外れて、天井に置いてある状態であった）。棟札には「…愛隣会館を建設して聖教宣伝の道場となす」とある。神父がそこに常駐する教会であったという記録はないが、福田平治やその妹与志は自らキリスト教の教えを熱心に説いたと言われているので、平治と与志の伝道の場として建設したと思われる。またその棟札には「一九三一年十月四日愛隣会館の棟桁の銘とす」とあることから、その日に棟上げがなされ、

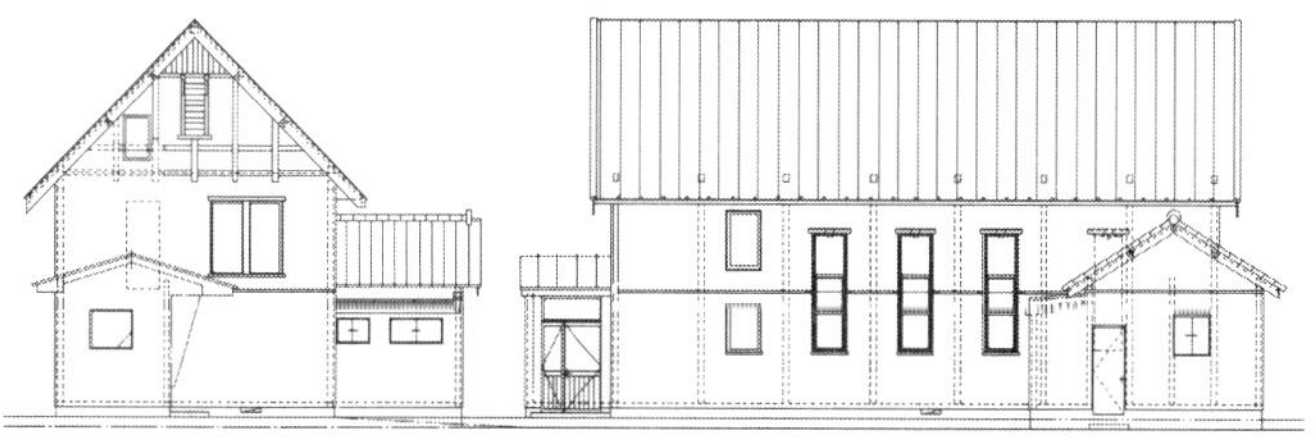

愛隣会館　立面図

棟札が取り付けられたものと思われる。棟上げの日から予想すると竣工は翌年、昭和六年（一九三二）であったと思われる。

会館の建物は平屋で、ほぼ四十五度の強い勾配の切妻屋根を持つ。一階の床面積は七三・二六㎡で二階は二〇・九三㎡。合計で九四・一九㎡の延べ床面積となる。屋根は鉄板葺であるが、以前の姿を知る人からはスレート葺ではなかったかという。しかし島根県内で天然スレート葺の建物は見当たらず判然としない。外壁は腰壁を板張とし、上部はモルタルの投げ塗りとなっている。腰壁の板張は後補と思われる。基礎はコンクリート製であるが、元々この建物は現況よりも南側に数間の位置にあったのを昭和三十四年（一九五九）に、道路拡幅のため曳き家して今の位置となったことから元の基礎ではないものと思われる。東側の軒裏は軒天が張られているが西側には見られない。西側のものは朽ちて撤去されたものと思われる。建設当初は周辺にも他の建物が多く、それらと渡り廊下などで連結されていたという証言がある。それを

島根県立盲唖学校　明治38年（1905）設立

裏付けるように西側には連結部分の痕跡があり、南側の玄関部分にも二階などに建物が連結されていた痕跡が認められる。それらを切り離したりする過程において、窓の配置と形が変化したものと思われる。しかし、礼拝室両脇の縦長窓はほとんど当初のまま残っている。

内部の間取り等は二階に上がる階段の位置が変えられており、当初の階段の位置は南側の内壁にささら桁の一部が残っていることで判る。二階からは南側に小さな扉を介して隣の建物に通じていたことが伺われる痕跡を残している。一階礼拝室の窓は当初と大きな違いは無いが、アルミ製の窓に取り換えられている。北側の壁には当初キリスト教の祭壇があったと伝えられている。残念ながらその写真は見出し得なかったが、部分的に塗装された枠組みとその中にガラスがはめ込まれて窓を形成している部分が見つかり、この下部に祭壇がしつらえられていたものと予測される。

愛隣会館は昭和四十八年（一九七三）に松江市に寄贈され、北田町町内会によって剣道場、集会場学習塾などとして利用されてきた。松江市は平成十八年（二〇〇六）に老朽化が著しくなったため取り壊しを検討していたが、平成二十七年（二〇一五）にＮＰＯ福田平治・与志顕彰会が松江市から買い取り、同年に建築調査、平成二十八年（二〇一六）に耐震補強と改修工事を行って現在に至っている。愛隣会館の名称は平成二十七年（二〇一五）に「福田平治記念館」と改称された。明治二十六年（一九八三）の松江を襲った大洪水を契機に孤児や、生活困窮者の救済を目的に福田平治と与志兄妹は心血を注ぎ活動した、その証として現在に残る唯一の遺構であるこの建物は、松江市の近代福祉の草分けとしても歴史的価値の高い建造物と位置付けることができるだろう。

その後平治の妹与志も兄の仕事に大いに感化され京都の盲唖学院に学び、東京盲唖学校でも教鞭をとった後に松江に戻り、松江で最初の盲唖学校を設立した。松江における福祉教育の緒についたのだが大正元年（一九一二）に四十歳の若さで、志し半ばに亡くなっている。

第14章　松江城大公園化構想

廃城を免れた松江城

維新政府は徳川幕府時代のものにほとんど関心を持たなかった。むしろ遺棄すべきものとして捉えていたふしがある。全国各地にあるお城についてもまずは戦争における戦略的な価値観でしか評価していない。そこで不要とされた城は民間に払い下げられていった。松江城も解体の危機にあったが寸前に旧松江藩士の努力によって食い止められた。おかげで今は国宝にまで指定され、日本には十二しかない藩政時代の天守閣の一つとなっている。他の城は明治の初期に払い下げられ解体されたか、戦禍によって焼失したかだ。

明治二年（一八六九）六月の藩籍奉還により旧藩主は藩知事になり、城址は兵部省の所管となった。明治五年（一八七二）二月、城郭を管轄していた兵部省が廃止され、陸軍省と海軍省が設置されると、城郭は陸軍省に移管された。陸軍省の目論見で軍事拠点としては不用、とされた松江城は明治六年（一八七三）に大蔵省に引き渡された。そして同年三月「城郭並び懸廳舎官社宅不用ノ分ハ家作地所區別イタシ何レモ入札ヲ以テ拂下《はらいさげ》」とされた。そしてそれに従い一旦は入札に付され、落札されたものの高木権八、勝部本右衛門の尽力により買い戻され、松江城は廃城を免れた。

　その後日本では博覧会熱が高くなり、国内でも啓蒙開智のためとして博覧会開催を告諭した。これより明治十年（一八七七）頃まで全国各地で博覧会が開催されるが、その内容は地方の物産や書画骨董などを展示する物産会ともいえるものであった。これらの博覧会には主に寺院や城址などの既存施設が用いられることが多かった。そこには城郭建築が無くなっていくことへの抵抗という思惑があり、さらに城址の一般への開放という明確な意図があった。さらに、博覧会が終了した後も、無用の城郭建築払下げあるいは解体などの政府の方針が県の意志などによって覆って行くことにつながった。やがて城

松江神社

郭建築はそのまま残し、修繕した上で公園化し、一般に開放するということが全国的な流れになって行われた。前『松江市史』によれば、明治六年（一八七三）四月、出雲大社において小博覧会を催すことが届けられ、六月には松江城内においても小博覧会を催すために二の丸を拝借するための伺い書が陸軍省に提出され、九月十日より三週間にわたり、二の丸において小博覧会を催すことが決まった。天守閣も解放されることになった。大野舎人家文書によると、会場は午前八時から午後四時まで。入場券が発売され、一人五銭であった。博覧会には元月見櫓で茶席の他に西洋料理も供され、動物園、植物園も設けられたとある。お城と言えば動物園と言うのは松江城に限らず、全国の城址でも見られる。高木権八らによって松江城が保存されることが決まったのは明治八年（一八七五）である。この伏線として博覧会開催があったことは十分に考えられる。

城址の公共的利用

松江城天守の保存は決まったものの、城址についてはいまだに陸軍省の管轄下にあった。そのため苗圃開設のための貸出し照会が明治十三年（一八八〇）内務省に出されている。明治十二年（一八七九）には松江警察署が県庁から分かれて独立した建物を建設した。『島根県警察史』によれば城址二の丸にその訓練施設が設置されたとある。毎日警察官が二の丸跡まで出向き、柔剣道や、馬術などの訓練を行ったものとみられ、明治四十四年（一九一一）には武徳殿が二の丸跡に建設されている。また、明治十七年（一八八四）の山陰新聞の記事によれば、大根島の人々が城山稲荷を参詣して事故に遭った旨が報道され、翌年の同新聞には城内で相撲をとっていた子供の財布が盗まれたなどとあり、それらのことからも城址が、一般にも自由に出入りできたことが伺われる。また一方では城址にて広島鎮台第一一連隊古志原・上乃木で対抗演習、松江城を陣地とする演習が行われ、城内で分列式を行うという記事もあることから、軍隊の使用もあったと思われる。また、明治十九年（一八八六）になると山陰新聞の記事には、二の丸跡で松江中学・師範学校運動会や、馬会、市内各小学校の連合運動会の開催などが頻繁に報道され、特に二の丸跡に広場が運動会や馬会といったものの会場として公共的に使用されていたことがうかがわれる。

城址公園化の動き

博覧会を契機とした城址の公開化という志向は、払下げ後の公共用地化や公園化への土地利用の転換を進めるものとなった。明治十九年（一八八六）四月二十一日の山陰新聞によると、籠手田県令は士族総代と会見し、その中で亀田城の保存について取り上げた。内容的には公園化を示したものと思われる。その背景として明治六年（一八七三）に太政官から出された公園制度の創設の布告があり、従前から市民が親しんだ地を公園とするというものだった。城址は元々庶民がみだりに立ち入ることはできない場所であったので、対象としては外れるのだが、前述したように明

丸山知事と3代目島根県庁

治十九年（一八八六）あたりから、運動会や、馬会、さまざまな記念行事など、市民が参加する催しが頻繁に城址内で開催されている。このことからも市民に広く開放される城址というイメージが定着していることにより、公園化が適当とされた。なお、公園化の太政官布告の際は公園の認可等の所管は大蔵省であったが、同年十一月に内務省が設置されたことに伴い、公園行政は内務省に移管された。

明治二十年（一八八七）五月十四日付の山陰新聞記事には、「旧城内を公園とする噂がある」とあり、明治二十一年（一八八八）四月十七日の同新聞記事によると「場内二の丸・本丸に仮屋を建て飲食に供する許可が料理屋・すし屋・菓子屋など十人に出される」とあり、遊覧客を見込んだ公園として整備されることとなったことが伺われる。

松江城二の丸の茶店が左側に見える（松江歴史館蔵）

その後頻繁に新聞記事にはその料理屋の一つ「二松亭」で懇親会、歓送迎会などが行われたことが記されている。それらの料理屋などはその後も親しまれていたが、平成六年（一九九四）にはすべて撤去された。明治四十三年（一九一〇）に開府三〇〇年記念式典、明治四十四年（一九一一）に子供博覧会開催の会場とされ、その時は水族館、音楽堂、遊園地が作られ、明治四十五年（一九一二）には遊園地がそのまま「千鳥遊園」として子供の遊び場として供されることになった。正式に松江城地が公園となるのは、いったん国から

楽山神社と楽山焼窯元『山陰道商工便覧』（松江歴史館蔵）

旧藩主家の松平氏に所有が移され、その後昭和二年（一九二七）に松平氏から松江市が城地を公園として寄付された時点となる。昭和三年（一九二八）松江城址は「城山公園」と命名された。

　昭和四年（一九二九）松江市は城山公園改造計画に着手し、本多静六、龍居松之助博士らに設計を依頼した。本多博士らは広く市民からの意見も吸い上げつつ、城山二の丸を中心に、運動場や弓道場、相撲場等を整備し、椿谷にもテニスコートなどを設け、同時に新たな植栽や、縁路整備、橋の整備などの計画を作成した。その中には興雲閣が松江神社と隣接しあまり適当でないとされ、城内の飲食施設なども撤去すべき

松江市立図書館、後に県立となる（松江歴史館蔵）

とされていた。博士らの作った計画は一部実行され、計画に沿って整備されたテニスコートや植栽もあったが、すべてが実行に移されたわけではない。

城址に設けられた施設

前述したように松江城址内は当初陸軍省の管轄におかれ、後内務省などが管理し、県に移管され、また旧藩主に所有権が戻されるといった複雑な管理者の移転があったが、実際はほぼ県と松江市が管理しながら現在にいたっている。その中で本丸、二の丸地域は公園、運動場、遊戯施設、記念碑等の施設が建設されたり設置されたりしたが、旧三の丸、お花畑の地域は島根県の行政施設が置かれ、現在にいたっている。他の章で詳しく述べているが、旧三の丸においては明治五年（一八七二）に松平直応旧邸を改修して島根県庁舎として開庁したのを皮切りに、議事堂、物産陳列所などが建てられ、三代目の県庁舎に至って三の丸のほぼ全域に建物が整備された。旧お花畑においても、当初監獄舎が設けられ、その後県立図書館、武道館等の県施設が建設されて今日に至っている。

藩政時代にはお米蔵、馬屋等が置かれていた二の丸下の段は面積も広いために、前述したように運動場としても明治時代に使われていたが、明治三十三年（一九〇〇）北惣門橋から入ってすぐに母衣町にあった市立図書館が移設され、明治四十四年（一九一一）には武徳殿が建設されている。市立図書館は県に移管された後、昭和四十三年（一九六八）一連の県庁周辺整備計画に伴って旧お花畑に新築移転された。武徳殿は昭和四十八年（一九七三）十月に取り壊された。武徳殿は武道場としてその用途があるが、『島根県警察史』によると松江警察署員の武道訓練として城山内が使われ、それが武徳殿に発展したものと思われる。二の丸下段の一角には警察官の忠魂碑が存在している。また、椿谷には明治二十八年（一八九五）松江電灯株式会社が創設された折に石炭火力発電所が建設された。松江に初めての電気がもたらされたのはこの城山内の椿谷からであった。

また他にも島根自治会館（昭和二十一年（一九四六）建築）、松江市立老人ホーム（城山寮）（昭和二十二年（一九四七）建築などが大手前から図書館に至る二の丸下の段にあったが、いずれも昭和二十九年（一九五四）から始まった城山公園の整備によって移転を余儀なくされている。椿谷にも島根県職員会館（昭和二十四年（一九四九）建築）などの建物があり、それ以外にも土木建造物として大手前から千鳥橋にかけて石垣の際を道路が走っていた。城内に設けられた施設が公的なものばかりであったというわけではなく、明治三十年（一八九七）頃には松江育児院が開かれ、私的な建築もいくつかあった。

また別に項を設けて紹介するが、明治三十六年（一九〇三）には二の丸上段の松江神社隣に、嘉仁親王（のちの大正天皇）行啓の際の宿舎として「興雲閣」が建設された。その付近には西南戦争における戦没者を慰霊する碑も明治二十一年（一八八八）に建立され、昭和二年（一九二七）には松平直政公の像が建立されている。直政公像は像の制作者が米原雲海、台座の設計が伊藤忠太によるものであった。高さは約四mであった。しかし像は太平洋戦争時に供出された。台座の石は残されており、その後の平成二十一年（二〇〇九）の直政公像復元にも一部が用いられた。像は新たな県庁前の広場一角に再建立された。

最初の松平直政公像

寺社についても別項で詳述するが、元々城山内にあったのは稲荷神社のみであったが、明治三十二年（一八九九）に楽山神社を城山二の丸に遷座し、松江神社として松平直政公等を祀った。また、昭和十四年（一九三九）には松江護国神社が城山内に建立された。前述以外に存在した岡崎運兵衛氏胸像、ＮＨＫラジオ電波塔、動物園、県椿谷会館も順次撤去され、平成十二年（二〇〇〇）には多聞櫓・南櫓が復原された。

幻の神国大博覧会

神国大博覧会は昭和十三年（一九三八）四月五日～五月二十九日までの五十五日間を会期として計画された。この博覧会の名目は市制五十周年と陰陽鉄道開通を記念するものであった。そしてその目的は「神国大博覧会鳥瞰図」の裏面に書かれている。「本博覧会は現下国事多難に際し建国以来伝統の日本精神を発揚すべく『神国日本』を表徴して内外の物産、国防、教育、文化資料等ひとしく古代、近代に渉る事物の種々相を一堂に展示して国運の隆盛、産業の振興、文化の発達に質し併せて日本文化の発祥地神国出雲の産業並に観光的要素を広く宣伝せんとするものである」となっていて、国防思想の普及、植民地と満州国への関心の喚起、さらに娯楽の要素を持たせることに配慮しつつも、県内外の物産の紹介を通じた産業振興と観光資源の宣伝、あわせて松江及び出雲の神社仏閣などへの観光客誘致が博覧会のねらいであったことが伺われる。

　その計画は会場を二つに分け、第一会場を松江城山公園とし、第二会場を白潟の埋立地を予定していた。多数の展示館に加え、遊覧飛行場・遊船場・サーカスなどが用意され、出雲大社、熊野大社、美保神社、一畑寺、鰐淵寺唐の神社仏閣では、会期中に臨時大祭などの特別行事を開催して協賛することとなっていた。しかしこの計画は昭和十二年（一九三七）に起きた日中戦争により延期され、戦局の拡大によってやむなく中止となり、幻の博覧会に終った。

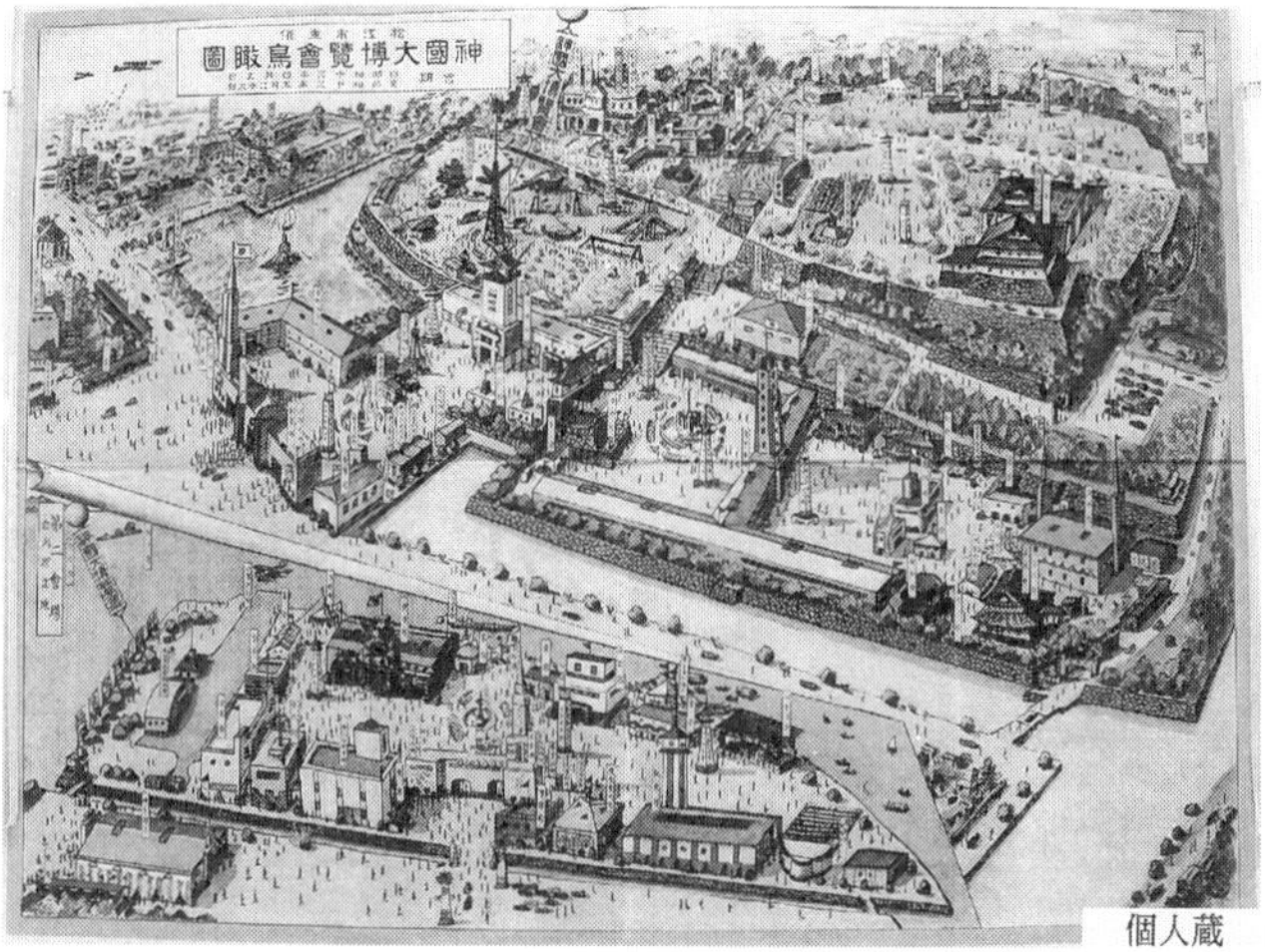

神国大博覧会（個人蔵）

第15章　うつろいの歓楽街とギャンブル

殿の御意のままに　楽山から伊勢宮へ

昔々の藩政時代、六代松江藩主松平宗衍（一七二九～一七八二）は自らが楽山に創建した推恵神社の祭神小野尊俊の霊を慰めるため、芝居小屋、富場、茶屋、貸席などを設け楽人や芸人を招いて慣例的に興行を催させた。この小野尊俊日御碕検校と宗衍の因縁は情けないようなややこしい話があるが、ここでは直接関係ないので触れない。とにかく楽山には芝居小屋、寄席、見世物、草相撲など連日行われ多くの客足を誘った。

明治に入ると楽山の歓楽地は消滅した。明治十年（一八七七）県は劇場諸興行条例を定め、芝居、相撲、その他諸興行の場を橋南の白潟天

天満宮境内の永徳座

満宮と橋北の中原に限定した。中原には浄瑠璃などを興行する恵比寿座ができた。しかし明治十四年（一八八一）、中原の興行場は北堀に変更され、北堀橋の北詰め辺りには朝日座ができ、大阪歌舞伎がしばしば上演された。以降これ以外の地域でも母衣町に日之出座、茶町に広末座、伊勢宮には千鳥座と永楽座が開場した。これだけ松江各所に芝居や歌舞伎の興行座が開設するということは、市民が豊かであり、娯楽に飢えていたということになりそうだ。さて、伊勢宮の永楽座だが、明治二十六年（一八九三）の記録的な松江豪雨災害による洪水によって壊されてしまった。その後永楽座は白潟天満宮の境内に移り、永徳座と改称して再開した。天神裏には青柳、鳴玉など著名な料亭もあり、男性の遊び場も密集し歓楽街を形成した。しかしこの地も大正末期から昭和初年にかけて衰微し、芝居小屋などは松江駅前通りの改修に伴って万代町、寺町の方面に移っていった。これらの情報は平成元年（一九八九）発行の『松江市史』

旧米江楼北側玄関

から得たものであったが、この市史には和多見が触れてない。「和多見通いは船で行く」とは昔から松江にある言葉だが、藩政時代から和多見という町には遊郭通いがあり、いわゆる悪所としてはやっていた時代があったようだ。しかし明治になって大火や洪水の被害に遭い、伊勢宮の一部を和多見新地とし、遊郭などの施設をそこに移していった。

明治二十三年（一八九〇）の白潟地図があるが、そこには伊勢宮の一部を新地として区切っている。そして新地の中央には入口たる門があり、それを黒門と称し、新地全体の呼称として定着していた。新地と和多見の間は地図によると「誓源寺後堀」となっている。架かっている橋は「松花橋」とある。和多見通いはこの堀川を船でやってきて、いそいそとお目当ての店に行ったのかもしれない。やがて昭和四年（一九二九）頃までに誓源寺後堀は埋立て

新地の芸者さんたち

られ、アスファルト舗装が敷かれる。それ以前は堀の両側に狭い道があり、そこを人力車がやっと通る程度であったが、広い大通りになってしまった。その大通りは昭和九年（一九三四）十一月に架橋される二代目新大橋に繋がっていく。

松江駅周辺の開発と新地

明治四十二年（一九〇九）に松江駅が開業し、それによって人の流れも変わり松江駅周辺の整備が急速に進んでいった。駅周辺は鉄道開設当時、田圃と湿地のみの寂しい地であった。鉄道の発展とともに駅周辺も開けていったが、駅の南側は昭和の太平洋戦争前でも葦原の広がる荒れ地がほとんどだった。後に伊勢宮と呼ばれる地域は売布神社と川を挟んで東側の一帯であり、そこは飲食店や遊郭などが立ち並ぶ歓楽街となった。昭和に入るといわゆる赤線地帯に指定されていく。その中の遊郭の一つ米江楼は昭和二年（一九二七）に建てられた

松江競馬場　疾走する競走馬

ものであるが（普請帳は大正十一年（一九二二）八月の日付が入ったものが残っていた）、伊勢宮でも一、二を争う遊郭であった。戦後赤線地帯などと言った歓楽街は禁止され、周りの建物は衰退していったが、飲食街としては繁栄を続けていった。そのなかで唯一残った遊郭建築が米江楼であり、料亭として、その後は旅館として営業し、現在は飲食店として継続している。この米江楼と同じころに建てられたのが、殿町は県庁近くにある蓬莱荘であるが、これは県庁や市役所も近く、行政マンたちが使う料亭として栄えた。現在は蓬莱吉日庵となり、料理店として営業を続けている。この吉日庵には宴会用の大広間もあるが、米江楼には広間は無い。遊郭という用途上、狭い座敷や少し広めの座敷があるだけである。しかし旧米江楼に使われている建築材料は選りすぐりのものであり、それも各部屋それぞれに梅とか櫻とかといったテーマを持ち、そのテーマに準じた材料で意匠をまとめあげている。素晴らしい近代和風数寄屋建築と言えるだろう。

ギャンブルに興ずる松江

松江競馬場は昭和四年（一九二九）に開設され昭和十二年（一九三七）まで続いた。

当時の乃木村に松江愛馬会により一周千ｍの馬場が設けられた。その後島根県畜産組合連合会が借り上げて経営していたが、経営不振に陥り廃止された。当時の競馬は軍馬の改良も目的にあった。そして県に二か所と決められた規則の中で軍のある松江と浜田（浜田競馬場）に設置された。

最盛期は馬一二〇頭、騎手四十六人にまで達した。浜乃木競馬場と呼び親しまれていたが昭和十二年（一九三七）、春季開催が最後のレースとなった。

競馬場の後は住宅地となったが、馬場の楕円コースに沿って住宅が建てられているため、上空から見ると今も競馬場の痕跡がくっきりと残っている。

松江競輪場は昭和二十五年（一九五〇）に開設された。当時地方自治体は公営ギャンブルを起

松江競輪場（松江歴史館蔵）

こし、娯楽と金儲けの一石二鳥を狙ったところが多かった。ここ松江市も「利潤のあがる公営企業」として競輪場誘致を決め、市が宍道湖を埋め立てた土地（末次の埋立地）の一部を提供し、日本競輪株式会社（大阪）が施設を担当一周三〇〇mのコースと本部、選手控え室、車券売り場などを建設した。経営主体の市は競輪事務局を設置し、競技は県自転車振興会に委任し、その収益で市民サービスの向上を図る目的で開場した。

　同年五月三十日松江競輪が開催され、第一日目は約二千人の入場者で、十一万八千五百円の大穴が出るなどした。第四日目も入場者は四千人に上り、車券の売

昭和31年の航空写真　丸の中が競輪場（島根県蔵）

上高も百二十五万八三〇〇円とまずまずのスタートを切った。（コースのカーブは四十七度の急傾斜になっており、他に例がなく大穴の出やすい競技場だった）。市では競輪への関心を高めようと、広報紙に「車券の知識」として記事を掲載するなど観客の動員に努めたが、スタート当初の好調さも天候やギャンブルへの市民の消極的な性格からかだんだんと衰微し、岡山・広島方面への観客誘致も効果をあげず、その後、年十回ほど開催された。しかし回を重ねるたびに赤字が膨らみ、廃止も検討せざるを得なかった。昭和二十八年（一九五三）七月、八百長騒ぎ事件を契機として競輪廃止の声が高まり、市議会も特別処理委員会を組織して対策を協議し、議会で廃止の決定に至った。そして同八月、営業開始からわずか三年で松江競輪場はその短い歴史に幕を閉じた。昭和三十一年（一九五六）十一月、競輪場は陸上自衛隊第三管区に市が要請し、自衛隊作業として撤去され、廃止となった跡に末次公園が造成された。その公園の一部に市役所が建てられた。

　ところで繁華街の東本町のことを書いてない。東本町は現在の松江を代表する飲み屋街の一つとして伊勢宮と並んでいる。この歓楽街がどうやってできて来たかと言えば、昭和六年（一九三一）の大火が契機となったのではないか。大火の後街区が再開発され、山陰道産業株式会社などをはじめとしたその後の産業の発展によって町が活況を程したことによってもたらされたものではないかと思う。大火後の建設ラッシュ、労働者の増加などがそういった環境を作り上げていったのではないか。

末次大火の焼け跡（松江歴史館蔵）

第16代大橋北詰めのビルは松江キネマクラブ
（松江歴史館蔵）

第16章　皇太子は馬車に乗って

興雲閣の誕生

松江城二の丸跡に興雲閣が建てられたのは明治三十六年（一九〇三）であった。明治の当初新たな国家元首である明治天皇の存在を知らしめるために、明治二十年（一八八七）までに天皇は全国各地へ八回も巡幸されている。しかし島根県に巡幸は無く、県民は天皇の巡幸を願って請願を出していた。明治三十四年（一九〇一）には、島根・鳥取・山口三県知事の連名で請願を行っている。そうしていたところ、明治三十六年（一九〇三）四・五月頃に巡幸があるかもしれないということで、明治三十五年（一九〇二）十月、島根県はその準備に取り掛かった。まず行在所を作

竣工当時の工芸品陳列所（興雲閣）明治36年（1936）
（松江歴史館蔵）

るべく島根県が計画を立てていくつかの案が検討され、新築二階建てにすることとなった。実際に建設するのは松江市ということになり、「御旅館」として当初計画された。十一月にはその位置を松江城二の丸上段にすることが決定した。工事監督には島根県第二課の松村団次に委嘱されることも同時に決まった。工事の入札が明治三十五年（一九〇二）十一月にあり、松江市寺町の和泉利三郎（和泉組）が一万二七九〇円で落札している。竣工は明治三十六年（一九〇三）九月十六日であった。工事費のうち二八〇〇円は市民からの寄付によってまかなわれた。

当初工芸品陳列所として建てられたのは、その頃兆しが見え始めた日露戦争開始の前兆のため、巡幸が延期されたためではないかと思われる。従って、その後日露戦争に勝利し世情が落ち着いた後の明治四十年（一九〇七）に嘉仁親王（のちの大正天皇）の行啓が実現するまで、ほとんどこの建物は使用されることは無かった。行啓のために再度ご旅館として整備され、その用に供された後は博覧

嘉仁親王（後の大正天皇）

会、共進会等に使用され、当初の工芸品陳列所の名前の通りに、さまざまな催しなどに供された。博覧会はその後全国各地で盛んに催され、松江でもそれに応えるため建物の拡充が図られた。明治四十五年（一九一二）二月には増築工事が開始され、建設当初四周にベランダが廻らされていたが、二階の裏側部分ベランダの一部を廃し、階段室を増築させることによって内部が拡充された。平成二十五年（二〇一三）には半解体修理を行い、耐震補強なども同時に施したが、平面計画は明治四十五年（一九一二）に増築した際のものに復された。

最晩年の擬洋風建築

興雲閣は擬洋風建築としても最晩年の建築と言われている。そしてもう一つ特筆すべきは明治十二年（一八七九）建築の二代目県庁舎と瓜二つと言っていいほど似ていることだ。明治期の建築は擬洋風に始まり様々に変遷していく。明治二十年（一八八七）を過ぎたころからはギリシャやローマ、ルネッサンスと言った様式建築が建てられるようになっている。擬洋風建築は本格的な様式建築を学んでいない外国人技師たちが、日本の大工棟梁とコラボしたところから生まれてきたものだった。明治三十六年（一九〇三）には全国で擬洋風建築はほとんど造られなくなって来ている。なぜ松江と言う地方都市で、時代から取り残されたような擬洋風が突然に復活したのか。そのあたりが松江の時代背景を反映しているものだと思われるが、よく分かっていない。

　建設費について考えて見たい。興雲閣は前述の和泉利三郎が一万六千七百円あまりで落札している。時代は若干下がるが、ご旅館利用という同様の目的で建築された鳥取の仁風

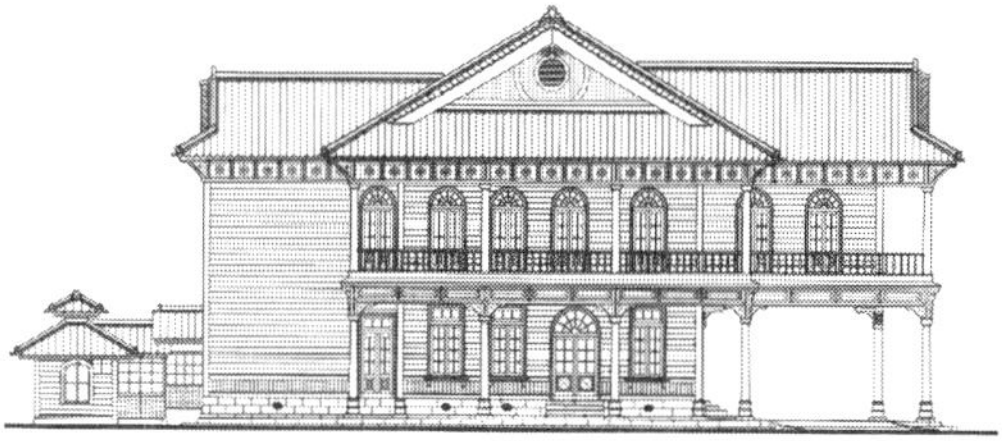

興雲閣側面立面図

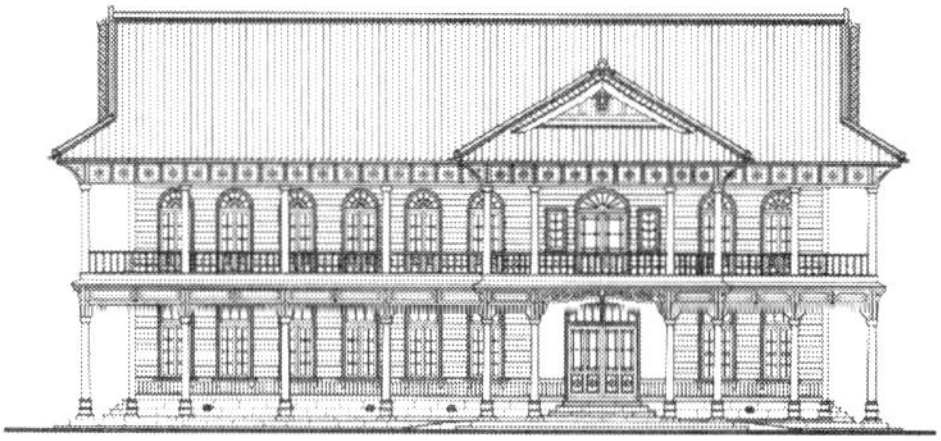

興雲閣正面立面図

閣は明治四十年（一九〇七）五月に落成していて、建設費四万円以上を要している。この違いを考えてみたとき、島根県の場合、あまり建設費をかけられない事情があったのではないかとも考えられる。翌年の明治三十七年（一九〇四）から始まる日露戦争の予兆は、既に経済状況に影を落とし始めていたことも考えられる。建設費を多くかけることが出来ない状態の中で、安くて済む旧県庁建物のコピーとなったのではないか。一連の資料の中には行在所の建設計画に当たって、第一中学校東教室に設ける案も同時に検討されている。これは平屋建ての案ではあるが二階建てにするよりも若干経費がかかるので、現在の興雲閣の計画となったものではないかと推察される。つまり、経費的な制約がある中で建物の計画をせざるを得なかったものではないか。

嘉仁親王の山陰行啓

明治三十八年（一九〇五）九月、日露戦争の講和条約が結ばれ、皇太子の地方巡啓の計画が再び動き出し、翌明治三十九年（一九〇六）六月には山陰巡啓が公式決定した。鳥取県と島根県は県を挙げてお迎えの準備をすることになった。そして準備万端整った明治四十年（一九〇七）五月皇太子ご一行は東京の皇居を出発された。随行には日露戦争の英雄、東郷平八郎も選ばれていた。

行啓の行程は東京から舞鶴まではお召列車に乗られ、舞鶴から境港までは軍艦「鹿島」に乗船された。境港から鳥取までは既に開通していた鉄道を使い、途中米子と倉吉に宿泊されるだけで鳥取までほとんど一気に行啓された。鳥取で数日過ごされた後米子まで再び鉄道に揺られて一気に到着された。そしてそこからはのんびりとした馬車行列を仕立てての巡啓となる。

明宮皇太子嘉仁親王は明治十二年（一八七九）生まれで、趣味は写真撮影とのこと。最初の宿泊は安来であった。安来では安来尋常高等小学校の一角に新築された行在所に宿泊された。沿道には市民が多く立ち並び、花火も打上げ、万燈を灯し、月の輪祭りの山車まで出す歓迎ぶりであった。これから先浜田まで馬車に乗っていかれるわけだが、宿泊所となる行在所の他に途中お昼休憩などの立ち寄り個所もたくさん必要だった。しかし地方の有力者たちは自分の屋敷へのお立ち寄りを願い出て、そのために施設を新築することも厭わなかった。

五月二十一日　十三時二十分鳥取を列車で発たれ、十六時二十分米子に到着
馬車に乗り換えて安来着　安来尋常高等小学校泊

五月二十二日　八時四十分安来発　荒島尋常小学校到着休憩二十分間
九時二十分　揖屋村尋常高等小学校着　三十分間休憩　東郷大将、
手植えの松
津田村尋常高等小学校で御駐車のまま五分間休憩
十一時三十分松江着　御旅館（興雲閣）に泊

五月二十三日～二十五日　松江滞在
師範学校、松江中学、松江高等女学校（母衣町）を廻る。
農林学校では、苺、パセリ、花野菜、独活、二十日大根、玉葱、
アスパラガス、大角豆、緑茶、七面鳥等を奉納
商業学校、県物産陳列所、付属校訪問
山陰慈育家庭学校（近年県費補助で新築一六九坪）、松江育児院、
盲聾学校、種育場訪問湖上御遊覧　舟遊びには五隻の二挺櫓の舟
と伝令船で網の引揚、鯉鮒の漁を見る

白潟本町の貯蓄銀行、松江銀行、第三国立銀行訪問
殿下に牛肉を供す　調達は雑賀本町伊藤徳四郎
仁多郡ブラウンスカイ牛二頭を購入
牛乳は八束郡産　牛馬組合が内中原に厩舎を持っていて御料牛乳を毎日三升三合供進

五月二十六日

午前七時松江発
玉湯林御立所で休憩二十分間
宍道木幡家到着　約二時間休憩、昼食
十五時五分　直江高等尋常小学校着
　休憩
十五時二十五分　直江発
十六時三十分　今市着　今市御旅館
　遠藤嘉右衛門の新築屋敷

五月二十七日

朝　女子師範にて東郷元帥手植えの松
大社へ　千家邸で御昼　今市泊

木幡家　行啓門

五月二十八日　今市発
大田着　御旅館　大田尋常高等小学校
五月二十九日　大田町発
大家御旅館着　大家村尋常高等小学校
五月三十日　大家村発
江津着　御旅館　尋常高等小学校
五月三十一日　江津村発　ロシア軍艦イルティッシュ号の記念館御覧
浜田町着　歩兵第二一連隊の出迎え
御旅館　旧藩主松平子爵が建築した御便殿
六月一日　御召艦　鹿島　供奉艦　香取　駆逐艦　白雲　朝汐　追風　朝霧
六月三日　鹿島に御乗艦
六月四日　六時　隠岐に向けて出発
十三時三十分　別府湾着
黒木山登臨　お手植え
闘牛御覧二番から五番まで

六月五日

海士村　上陸　御火葬塚行啓　村上家行啓

十五時　帰艦

舞鶴に向けて御出発

長い長い巡啓の旅がここでやっと終わったわけだ。もっともそれからまた数日かけて皇居まで戻られるわけだが、皇太子殿下も大変だったことだろう。それにしても鳥取の滞在がせいぜい七日なのに対し、島根での滞在は十六日にも及んでいる。それだけ施設整備なども大変であったわけだが、ある意味鉄道がなかったお陰でたくさんの県民がお顔を見られて得をしたのかもしれない。

この巡啓の旅の間の施設には興雲閣をはじめ、宍道の木幡家に建てられた飛雲閣が今も残っている。

御便殿

その他には浜田の御便殿、海士町の村上家などが現存している。因みに鳥取でも倉吉に飛竜閣、鳥取に仁風閣が残っている。米子にあった御旅館鵬翔閣は既にない。

第17章　芸術への冒険——県庁周辺施設整備

まぼろしの松江美術工芸研究所（通称松江美術工芸学校）

田部家第二十三代目当主の田部長右衛門氏は昭和十五年（一九四〇）松陽新報社社長となり、昭和十七年（一九四二）島根新聞社社長に就任し、同時に衆議院議員に当選した。そして昭和二十年（一九四五）六月には吉田村村長に選ばれ、昭和三十四年（一九五九）島根県知事に当選し三期を務めた。田部氏は芸術への想いの強い人であり、若い芸術家を育てることに熱心でもあり、昭和二十一年（一九四六）四月松江美術工芸研究所を開設した。当時松江に疎開していた著名な芸術家たちを講師に招き、芸術家を目指す若い人を生徒とした。さらに旧藩有澤家老屋敷にあった茶室「明々庵」を北堀に移築再生し、同じ北堀の塩見縄手に面しては田部美術館を建設して、田部家のコレクションたる芸術品を開陳した。

田部長右衛門知事

さて美術工芸学校だが、教授陣には彫刻に安達寛一、版画に平塚運一、陶芸に河井寛次郎、美学に桑原洋次郎、映画に山根幹人などの顔ぶれを揃えていた。授業はユニークで浮世絵や粋《イキ》について、などのような講義を日本画の授業に盛り込み、もちろん洋画の講義もあり、他に鳥類学、英文学と言ったカリキュラムもあったようだ。生徒は約五十名、県下初の男女共学体制を取り、その中には金津滋もいた。卒業式は臨水亭で行われたが、一期生を送り出した後閉校となった。戦争の疎開で松江に帰ってきていた教授陣がそれぞれ元の居住地に帰ってしまったせいもあった。

いずれにしろこのような芸術を学ぶ気運が戦後すぐに生まれたことは田部氏の大きな功績であり、それが松江の未来にとって多大な影響を与えたことは間違いないと言える。茶の湯文化だけを見ても元々あった土壌をさらに芸術運動で拡げたことによって、松江の今の盛んな茶の湯文化があると言えるだろう。

モダニズム建築の聖地

太平洋戦争終結の後、しばらく日本はアメリカの占領地となっていた。それが終わってから、日本の自治が再開される。それ以降の日本は経済の発展を優先して邁進していったが、その中でも芸術への思いを断ち切ったわけではなかった。特に島根県においては田部知事を先頭として県庁周辺の整備を急ピッチで繰り広げていくのだが、そこには芸術性、あるいは島根の文化といったものをしっかりと意識し、むしろそれを主体として取り入れている。戦後の建築はインターナショナルスタイルでありながらどこか日本の文化・風土をそこに表そうとしているものが多い。後年、それらを日本のモダニズム建築という呼び名を持って捉えている。県庁周辺に建てられた整備計画にもとづくものや、その流れをくむ建物などは松江をしてモダニズム建築の聖地と言わしめるに十分な価値を持っている。

　島根県の三代目庁舎は藩政時代には三の丸があった場所に明治四十二年（一九〇九）竣工した。以後四代目、五代目と建替えられた経緯は第一章の「焼かれた県庁の物語」でも記したとおりだ。昭和三十四年（一九五九）に田部長右衛門は公選知事として三人目の島根県知事に当選した。その年の一月に五代目県庁舎は竣工している。そして旧県立博物館（第三分庁舎）は昭和三十三年（一九五八）に竣工していた。知事就任と同時に田部知事は県庁周辺の大胆かつ総合的な周辺整備計画に着手した。県庁舎を設計した建築家安《やす》田《だ》臣《かたし》と新進気鋭の菊《きく》竹《たけ》清訓《きよのり》を起用し、県民会館（安田臣、竣工昭和四十三年（一九六八））、県立図書館（菊竹清則、竣工昭和四十三年（一九六八））、県立武道館（菊竹清則、竣工昭和四十五年（一九七〇））を県庁周辺に配備し、県庁前の庭園計画には重森完途《しげもりかんと》を起用した。田部知事の芸術運動へのこだわりと芸術への深い造詣がなせる業だったと思える。そして同時に島根県の地域的な特徴をその計画の中に盛り込むことを重要視した。県の特産品や自然、産物などをその建物らの建築材料やデザインに見立て、それを芸術性の高い建築家や造園家に託した。県庁周辺の整備は昭和三十五年（一九六〇）から約十年の歳月をかけて行われた。

　島根県庁舎は島根県邑智郡出身の安田臣が建設省時代に設計したもので、当時全盛期を迎えていたモダニズム建築の代表的作品として、高く評価されている。昭和四十五年（一九七〇）には「島根県庁舎及びその周辺整備計画」で日本建築学会賞を受賞。庭園は、前

5代目島根県庁舎

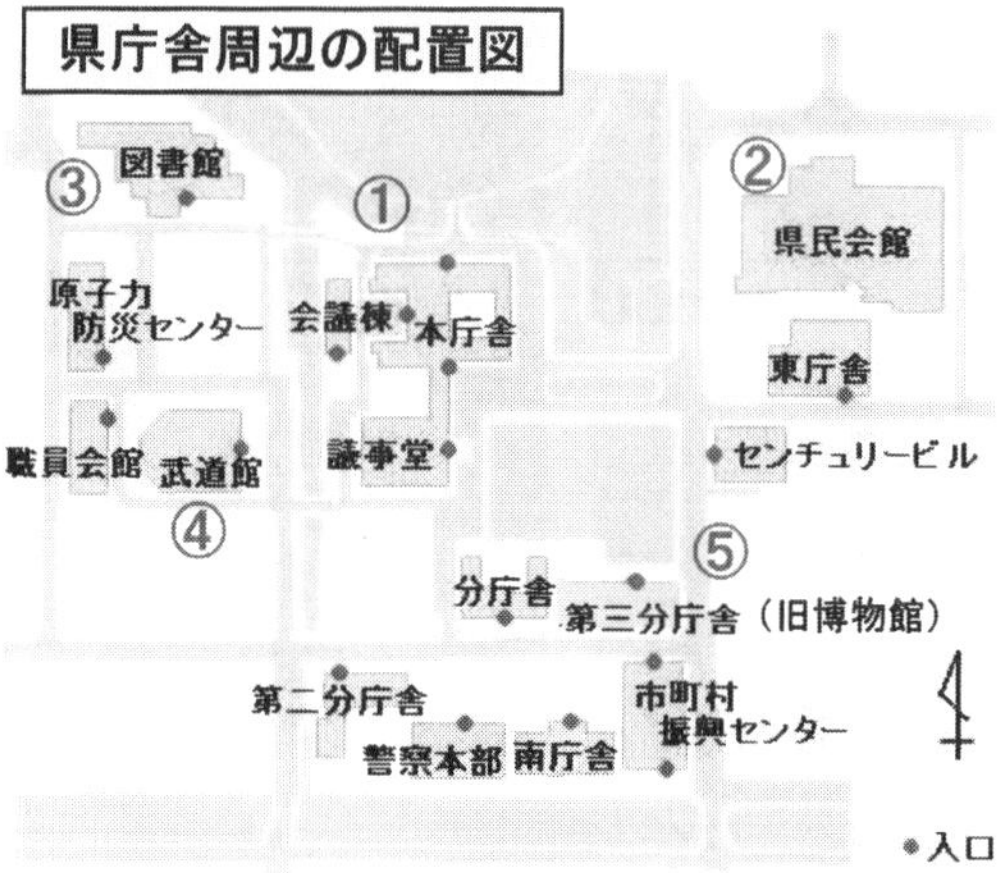

県庁周辺配置

島根県民会館

述したように昭和期の日本の作庭家として著名な重森三玲《みれい》の長男・重森完途による。県庁舎は各都道府県にあるわけだが、今も県庁前に広い庭園を配しているところが他にあるだろうか。たいていは駐車スペースなどにしている。このような贅沢な庭を持った島根県庁は誇りにしていいものだろう。

　島根県民会館も設計者は安田臣で県庁周辺整備の一環として附属小学校があった地に建てられた。水平線を強調し一、二階の柱の列で上階を持ち上げるデザインはインターナショナルスタイルそのものであったと言えるだろう。彼は田部知事の考えに呼応するように県内で産する材料あるいはモチーフを建物の中に実現しようとした。その中で新たなモダンデザインを作り上げていった安田の手法は菊竹のデザインとも協調し、ダイナミックで日本的な新たな公共空間を大きな空間の中に作り上げていったのだ。

　島根県立図書館は菊竹の設計で昭和四十三年（一九六八）に竣工した。大胆に架けられたフラットな屋根が登り、内部に大きな空間を構成する大胆なデザインの建物は入り口に入った人を別の空間に吸い込まれたような錯覚を起こさせる建物である。

　菊竹という建築家はコンクリートで地域性や和風を表現する名手だったと思う。和風建築の持つ陰影、手作りのような肌触りをコンクリート打放しの壁、外観に持たせ、内

島根県立図書館

県第3分庁舎

部は神殿か宮殿のようなのびのびとした空間を作り出している。それはモダニズムの真髄とも言える素材とダイナミックなデザインという表現もでき、この時代の象徴的な建物となっている。

第三分庁舎（旧島根県立博物館）は菊竹清訓設計による建築でその前には松江市警察署から消防署に換わった建物があった場所だ。竣工は昭和三十三年（一九五八）。この建物は鉄筋コンクリート造三階建であるが、日本建築の作り方を使って構造表現を行っている。この建物の構造を見ると柱と梁がほぼ同じサイズの巾で作られている。これはコンクリート造においてはむしろ非効率な構造であり、他ではめったに見られない半面、日本建築の神社建築で

島根県立武道館

見るような構造材の寸法割りをもって建築表現としている。彼の建築表現の一つに日本建築のコンクリート化があるように感じる。現代の人工的で武骨な建築材をもって、繊細でダイナミックな日本建築の構造美を表現しようとしていると思う。このような日本建築的なモチーフを使っての建築表現が菊竹の真骨頂と言えるかもしれないし、それが大きくダイナミックに表現されたものでもある。

　島根県立武道館も菊竹により設計された建物で竣工は昭和四十五年（一九七〇）。外観の派手さはない。しかし内部の空間は複雑な形態を持ちながら様々に変わっていく空間ボリュームを持っている。内部のレベルや空間のボリュームが目まぐるしく変わっていく躍動感ある建築だが、それはほとんど内部で表現され、外はむしろどっしりとした表現を持たせようとしているようだ

美へのこだわり田部美術館と小泉八雲記念館

　田部知事はお城の北の塩見縄手の一角にも建築家菊竹清訓の手による、田部美術館を昭和五十四年（一九七九）建設した。そこには田部家の収集美術品が陳列されている。

片流れのこげ茶色の鉄板屋根が目立つ建物で、およそ古い武家屋敷が立ち並ぶこの地域にはふさわしくないように見えるが、現在でも全く違和感なく、昔からあったようにそこに建っている。そして菊竹は出雲大社においても、稲はでや簸川平野の反りの強い農家の屋根をモチーフにデザインした建物を次々と設計し、菊竹自身への高い評価は島根で確立されたともいえる。また、塩見縄手の一角には昭和八年（一九三三）に近代日本建築運動のリーダーの一人であった山口文象《やまぐちぶんぞう》が設計した初代小泉八雲記念館があったが、それは昭和五十九年（一九八四）に取り壊され、今の記念館になっている。

　県庁周辺の建物群は近代から現代への橋渡しともいえるように、モダニズム建築と呼ばれ、多くの建築関係者からもモダニズム建築の宝庫として注目されている。明治維新後、松江城とその周辺は幾度となく大きな変貌を遂げ、その度に建物、銅像、橋などが作られたり壊されたりを繰り返している。それらの変遷は目

初代小泉八雲記念館（昭和8年（1933））

紛しいものであったが、今松江の一つのスタイルとして定着したように思われる。

明治という徳川幕府の造ったものを何もかも否定しようとした時代に入り、松江城は幸いにも破壊を免れた。そして公共の場として位置づけられ、公園、共進会、博覧会などの会場として使われながら、また一時は台風などで大きな被害を受けながらも維持され続けてきた。それほどに松江人は松江城を誇りとし、大事にしてきたのであった。そして、今、松江城の旧三の丸を中心にして、県庁関連施設が立ち並ぶ地域になっている。三の丸御殿は片隣も残っていないが、ここにモダニズム建築の聖地が出来たこともまた喜ぶべきことと思える。

田部美術館

第18章　近代化と格闘した棟梁たち

江戸の造りを引く和風と近代化された和風

近代和風と呼ばれる建築物は明治から昭和の太平洋戦争前ごろまでの和風建築で、藩政時代の和風から脱却し、近代という新しい時代に沿った和風建築の新しい道を模索していった建物と言えるだろう。従って和風と言いながら随所に洋の要素を思いがけず持ち、それまでには見られなかった間取りやガラス窓などのようなハイカラな設えを持つ建築となっている。

この建築は実は単純なものではなく、単に近代における和風建築を指すものでありながら内容的に二通りある。その一つは江戸時代からの伝統的な造りを踏襲する和風建築であり、もう一つは、洋風化の波の中に起こった和風回帰ともいうべきデザイン運動の中から起きた新たなる和風建築だ。それらを現存する松江の建築の中から拾い集めながら見ていく。

皇太子殿下をお迎えする休憩所　飛雲閣

明治四十年（一九〇七）、後の大正天皇である明宮嘉仁親王《はるのみやよしひとしんのう》の山陰行啓が本決まりとなり、その巡啓の折にお立ち寄りになるご休憩所として宍道の木幡家が決まっている。明治三十六年（一九〇三）に行啓は一度決まりかけていたため、木幡家では行在所として離れの座敷（後の飛雲閣）を建てる工事をすでに始めていた。それにあたって、明治の初期に松江藩の大橋家老家から譲り受けていた伝利休茶室と言われた茶室を解体し、新たな迎賓館（行在所）を建てる空き地を確保した。そして行在所建築を明治三十五年（一九〇二）から始めている。しかし明治三十七年（一九〇四）に日露戦争が勃発するに至り、行在所の工事も一

飛雲閣正面

時中断せざるを得なかった。行在所建築の大工は松江津田街道の川島徳次郎であった。川島棟梁は今も松江周辺に残る名建築をいくつも建てている。彼の手になる建物には洋風のペーストを盛り込んだものも多い。残っている建築の一つには玉造旧保性館に昭和六年（一九三一）に皇族専用宿泊棟として建てられた「幽泉亭」がある。

　皇太子行啓は延期となったが明治三十八年（一九〇五）には日露戦争に勝利し、明治四十年（一九〇七）の山陰行啓が内定した。いよいよもって道路などの施設や休憩所、宿泊所となるご旅館、随員達の宿泊施設などが急ピッ

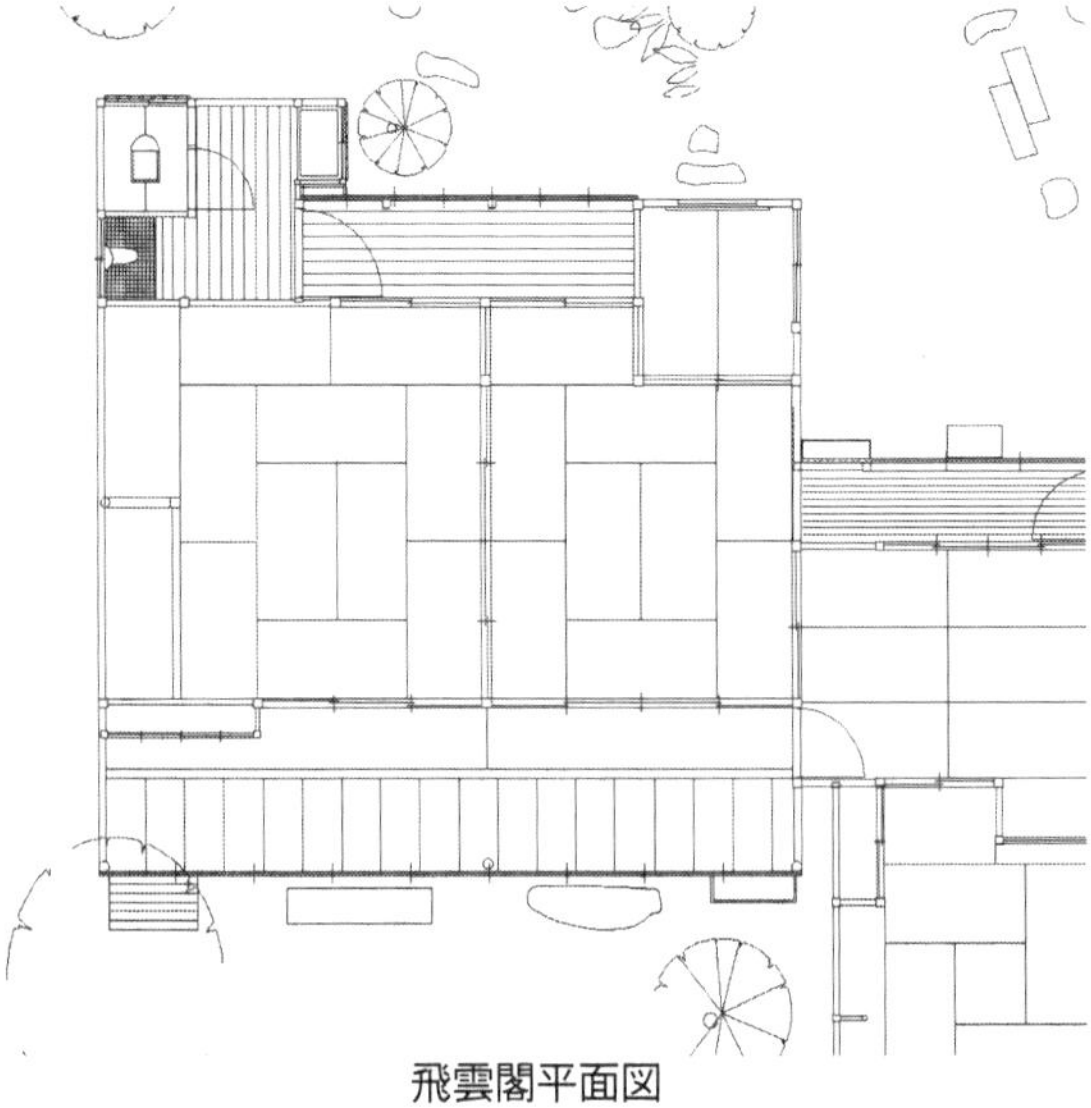

飛雲閣平面図

チで整備されることとなった。

明治三十九年（一九〇六）八月、日露戦争の後始末も一段落し、正式に嘉仁親王（後の大正天皇）の山陰行啓が決まった。戦争のために中断していた行在所の建築工事も再開され、明治三十五年（一九〇二）に作られていた行啓門も再整備し巡幸を迎える準備を整えた。京都などから選りすぐった銘木を調達して建てられた平屋の行在所は川島棟梁によって完成した。

木幡家の行在所は江戸時代からの伝統的工法を踏襲し、下庇を廻した重厚な入母屋造瓦葺きであった。木材、紙、石などの材料も吟味したものを使い、欄間などの飾りも画家に依頼して描かせ、行在所としてふさわしい図柄とした。そのように伝統的な和風でありながら、構造的には地震に備えての筋違や火打梁を多く入れた新しい近代的構造スタイルを取り入れたものであった。

風待ち港と門前町で栄えた美保関の美保館

美保関は中世の昔から船の関所として位置づけられ、美保関の名前が誕生した。そして近世から近代にかけては北前船の風待ち港として、また美保神社の門前町として多くの人や物流が行き来する賑やかなまちであった。美保関のまちは文字通り門前市を為すほどのにぎわいで、北前船の入津の際や、祭りの時の賑わいは大変なもので、正月には周辺の多くのまちからも農業関係者が農業の神様である美穂津姫命を祀る美保神社に詣でて豊作を祈願するのであった。美保関のまちは記録の残る藩政時代の頃から多くの旅館や廻船問屋が軒を並べる町であった。北前船が最も隆盛を極めたのは明治時代であったためその時代も繁栄は続き、ハーンも美保関で遊んだことを記録に残している。輸送や交通の手段として船が鉄道に取っ

美保館旧本館玄関

美保館中庭の吹き抜け

て代わられた後も美保神社を訪れる人々は旅館で料理を楽しみ、時には泊まり込みでの遊興をするのが常であった。

そんな繁栄の時代の中であったが明治三十五年（一九〇二）に境港に鉄道線が設けられるに至り海送業に危機感を抱いた定秀氏は明治三十八年（一九〇五）旅館美保館を開業し、明治四十一年（一九〇八）に現在の美保館が建てられた。美保館は中に広い吹抜空間をもつ数奇屋の凝った造りになっているが、大正十三年（一九二四）と昭和初期に増改修を行って現在の姿になった。平成十六年（二〇〇四）八月十七日に国の登録有形文化財に登録された。向かいの旧本館は昭和七年（一九三二）の建築であるが、令和元年（二〇一九）に大幅に改修が行われ、新たな客を迎える旅館となった。

松江最後の遊郭建築　伊勢宮　米江楼

昭和二年（一九二七）ごろの建築であり、唯一残った遊郭楼だ。元々遊郭などの歓楽地は和多見、八軒屋がそうであった。それが大火や洪水を契機に明治の終わりごろには伊勢宮に移っていく。明治四十一年（一九〇八）の地図には和多見から川を挟んだ東側に「新地」と書かれている。今でもこのあたりの電信柱には標識に新地の文字が見える。同年に松江駅が開業した頃から駅周辺が開発され、人の流れが移っていった。そんな中で新地が作られて遊郭街を形成し、街の入口には黒門が置かれた。当初黒門の前には大橋川に注ぐ川があり、船で新地に訪れる人も多かったが、やがてその川も埋められて広い道路と化し、二代目新大橋と繋がり、川向うに直結できるようになった。昭和十三年（一九三六）の新地の地図があるが、そこには黒門の向かいに和多見病院がある。今は新天地という名前が看板に出ている建物がその場所となるだろう。米江楼も明治の新地以来そこにあった古い遊郭だが、昭和二年（一九二七）に現在の建物に建替えられている。昭和初期といえば昭和の大恐慌真っ盛りの時だ。なぜそんなときに歓楽地がという思いがあるが、殿町の蓬

旧米江楼裏手（南側）

荘もその頃に建替えられている。不況の中でも享楽のためには人は奔走するものなのだろうか。長く続いた昭和恐慌と不況であったが、松江の経済は昭和六年（一九三一）ごろになって徐々に回復していく。

ともあれ、遊郭の建築かくあるものかという姿を今も残している貴重な建物だ。部屋は多くが小部屋になり、それぞれの部屋が異なる華やかな意匠で贅を極めている。男にとっては天国のような遊郭の雰囲気を今もそのままに残している。

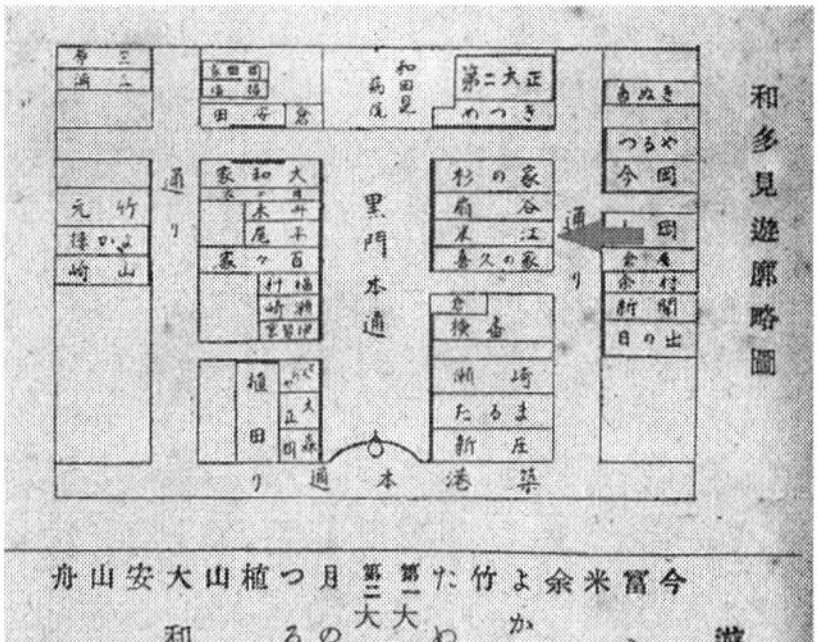

和多見遊郭案内（昭和13年（1938））

昭和初期の医院　宍道　坪内医院

宍道のまちのメイン通りは国道九号の一筋南側に並行して走っている。その通りに面して木幡家、小豆澤家などの旧本陣が建ち並び、旧料亭、銭湯、店なども軒を並べているが、営業しているものはだんだんと少なくなり、かつての賑わいも今は見られない。この通りに面した旧坪内医院の診療所は昭和七年（一九三二）に建てられたもので、総二階の洋風建築だ。少し幅の広い下見板に白っぽいペンキが塗られ、二階の窓は縦長の背の高い開口が四枚並んでいる。屋根は寄棟の瓦葺きだ。その意匠は和風的でもありながら洋風の外観として、今もまちのランドマークとなっている。すでに診療所は新たに建てられ、この建物は旧来の用途としては使われていない。

　坪内家は代々医家の家系であり、藩政時代には松江藩の藩医を務めている。幕末頃、坪内通伯は蛤御門の変に同行したと言い伝えられている。文献によると元祖は享保十六年（一七三一）に八束郡宍道町佐々布から宍道灘に分家して居宅を構え、その三代目を継いだ養子の立本堂玉山玄亮が二十一歳のときから四

佐藤忠次郎記念館外観写真

年間京都・長崎に遊学し、文化八年（一八一一）八月、坪内家の養子となり、これが医祖とされている。

旧診療所のこの建物の一階は診療所で二階は座敷からなっている。座敷は会議に使われ、時には宴会場にも使われたという。昭和初期の洋風医院建築の姿をそのままに残している。大工は来海久義。殿町の蓬莱荘を建てた大工も来海《きまち》という人だったが、同じ人かそれともその一門か。

農機具のパイオニア　東出雲　佐藤忠次郎記念館

日本の農業機械開発のパイオニアとして佐藤造機（現、三菱マヒンドラ農機）を起こした佐藤忠次郎が、住まい（賓客おもてなしスペースを兼ねる）として建築されたといわれている。現在は忠次郎の功績をたたえる為の展示スペースと、会議などに利用される施設だ。

島根でも特筆される起業家の一人、佐藤忠次郎が建てたこの建物は、一階に欅の切目縁を二方に持った八帖の和室があり、大きな庭園に面す。続いて次の間四帖を備えた廻り縁の八帖和室がある。二階には両縁側で二間巾の床の間を持つ八帖二間続き和室、三方に縁側廊下を持つ明るい床の間付六帖和室、茶室趣の変わり床の間付の六帖和室と、五帖の床の間付の座敷を備えている。これらの空間は松材（赤身）を主な造作材として贅沢に利用している、主要な階段には欅材が使われ、床の間周りには銘木・変木と言われて珍重された材種が多用されている。建物の構造は、木造軸組み工法（土壁塗り）、二階小屋組みは洋式トラスが用いられ、屋根は意《い》東《とう》瓦（東出雲町内生産）が葺かれ、棟を高く積み上げ・下り棟・箕《みの》の甲《こう》つくりの妻破風と重厚な造りとなっている。この建物と共に創られた広大な池泉

佐藤忠次郎記念館　庭から見る

式庭園がある。

中廊下形式の家　新雑賀の住宅

この屋敷は門を持つ練塀からアプローチを経て玄関に至る。近世江戸時代においては武家と医家だけしか門を持つことは民家ではできなかったのが、明治に入ってそれも自由になった。この家の起工は明治二十五年（一八九二）一月五日、上棟は同年十月二十八日とあり、それが書かれていた棟札には大工棟梁の名も新材木町の講武基次郎と記されていた。また、當主坂本某と記されていた。

明治においてきちんとした玄関を持ち、畳敷きの座敷があるものは意外に少ない。多くの民家には玄関は無く、入り口から入ればそこに通

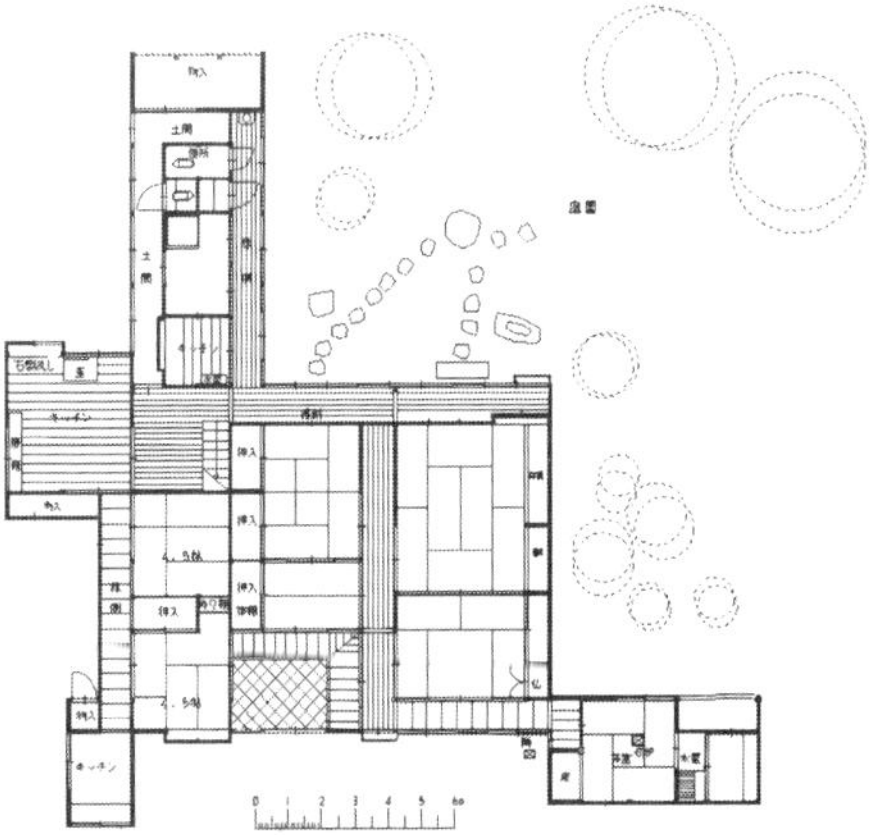

M家1階平面図

り庭があるような形式が多かった。このM家はその玄関を持ち、間取りも中廊下の右左に座敷を持つもので明治二十五年（一八九二）としては極めて先進的な間取り形式を持ったものだったと言える。

八軒長屋

明治初期の建築と思われる。

元は十二軒ほどが連なった長屋であったらしい。これらが共同で一時に建てられるのか、個人で建てていくのか不明であり、今後の研究が必要だ。大屋根が連続するが二軒分が一緒の屋根だったり、家によって屋根の高さ、瓦の種類が異なったりする。下屋根は同長屋に住んでいた人に聞くと太平洋戦争前までは確実に板葺きであったそうだ。

八軒長屋正面外観

長屋の内一軒から明治十七年（一八八四）の日付が入った家相図が発見された。その隣の家の屋根と一体となっているため、同時期に建築された可能性が高い。近世から明治にかけての長屋の形態を残す貴重な文化遺産と言える。

大火の後の商店建築　東本町　米田酒店

昭和六年（一九三一）の末次大火は一帯を焼き尽くし、その後に東本町が再区画された。そしてその東本町に建物が新たに建てられ、昔とまったく趣の異なる町が出来上がった。そこには山陰道産業のような異形のビルもあれば、久の家のような和風料亭も立ち並んでいった。その中に米田酒造の主屋と販売所を兼ねた建物は間口一杯をガラス戸にして近代的な店舗として生まれ変わった。

市役所の仮庁舎にもなった料亭　臨水亭

藩政時代において臨水亭の土地には松江一の豪商瀧川傳右衛門の店と屋敷があった。

この店屋敷には絵図面が残っており全容はわかっている。元の店と屋敷、あるいは土蔵、作業場などは残っていないが、現在の建物が元灘座敷であった可能性がある。「灘座敷」は宍道湖に面した座敷を主に言うが、この臨水亭の場合、特に藩主の御成などがあったと伝えられ、「お成座敷」とも呼ばれる。明治四十年（一九〇七）ごろに末次大火と呼ばれる大火事があり、ここらあたりは焼けなかったともいわれるが、一部飛び火した可能性がある。明治時代にこの建物は、松江市役所建替えの折、一時市役所仮庁舎として使われたりもした。早い時期から洋食屋を始めたというのは所有者の伝であり、当時の洋食器なども残されている。

建物の奥の部分のみが古いまま残されている可能性がある。しかし、二階の小屋組は洋小屋であり、建物は明治後期のものかとも思われるが、小泉八雲（明治二十三年（一八九〇）来県）がここを使ったとか、松江市役所仮庁舎であったままであるとの言い伝えがあり、部材の造り、風化についても明治時代以前のものである可能性も否定できない。庭園などは隣の皆美館と一体であったとも聞くが、皆美館庭園に生える松の幹からは三百年以上の経年変化を感じさせるものがある。

米田酒造の店

臨水亭の宍道湖側

第19章　開拓者たちの冒険

北へ向かう人びと

明治は北海道が新たに開発された時代であった。それまでの徳川幕府は蝦夷地と呼ばれる北海道に関心はあるものの、藩は松前藩のみを置き、一部の商人に交易などの商売を許した形で、わずかに上りを掠めるだけであった。従ってほとんど未開の大地がどこまでも広がっていた。もっとも商人たちや松前藩も奥深く分け入り、利益が上がりそうな場所は先住民から奪い取っていった。先住民であるアイヌも従来考えられていた狩猟民族というだけでなく、ほとんどの部族が農業などを行い、きまった土地に移動せずに暮らしていたようだ。

開国の二十~三十年前ごろより、ロシア、アメリカなどの艦船が頻繁に蝦夷地に寄港し燃料や食料を求めたり、開国を迫る文書を持ってきたりもした。幕府もこれらを拒否し続けながらも警戒を高め、松前藩をして国防の強化にあたらせたが、何しろ小藩一藩での対応に過ぎず、対応には苦労し港のまちをロシアに占拠される事件や、その報復にゴローニンという特使をだまし討ちに捕らえるという事件が起きた。そのまた報復として商人である高田屋嘉兵衛が捕えられ、ゴローニンとの人質交換で解決などという、戦争になりかねない事件も起きている。

　明治維新により函館が開港地の一つとなり、ここに多くの外国人が流れ込んだ。そんな中でロシアの南下政策は明治政府にとっても無視できない問題であった。このままにしておけば北海道の一部がロシアに取られてしまうかもしれないという危機感があった。そこで明治政府は北海道開拓使を札幌に置き、北海道の大々的な開拓を進めていった。そこで大きな力となったのはアメリカであった。かの「少年よ大志を抱け」のW・S・クラーク博士もアメリカ人であったように、数多くのアメリカ人教師や建築家が北海道の建築を作っていった。政府は屯田兵制度を敷き開拓を広げていくとともに、日本各地に北海道開拓としての入植者を募集した。

第一八雲丸（東京大学駒場図書館蔵）

華族経営の成功事例農園

　それに呼応して島根県からは旧藩主松平直亮伯爵の資本による一団が旭川に広大な

農地を拓いていった。明治二十八年（一八九五）の創業以来、五十万坪の近文原野に松平農園を開設し、三百戸以上の小作農家で経営した。松平農場は数ある華族農場のうちでも珍しく成功した一つであった。この成功を導いた人の一人は旧松江藩士の次男であった小川二郎であり、今一人は小川の札幌農学校時代の先輩であった、内田瀞《しずか》であった。小川は旭川の近文原野を選定して農場の基礎を築き、内田は開拓地の水系を確立し有数の米農地とした。この農場は昭和十二年（一九三七）まで続き、小作者に農地を解放して解散した。今は東鷹栖という地名に換わり、そこに残る興国神社（元松江神社）に名残を見ることができる。

松平農場事務所
（北海道開拓記念館 内田家 資料）

山陰移住会社仮事務所
（倶知安町『鈴木重慶伝』より）

神職たちの開拓団

もう一つの島根からの開拓団は、最初に今の大田市の人たちが中心になって組織した山陰移住会社だった。彼らは現在の倶知安《くっちゃん》町《ちょう》に開拓地を定め、そこで原野の開拓に乗り出した。しかし、北海道の原野の開拓は並大抵のものではなく、樹木の根に阻まれ、厳しい寒さも立ちはだかった。そしてヒグマやオオカミにも常に悩まされる環境であった。結局山陰移住会社は挫折し、それを引き継いだのは美保関の美保神社の神官たちを中心とする開拓団であった。

　美保関は他でも書いたが海の関所、あるいは北町船の寄港地、そして美保神社の門前町として栄えたまちであった。美保神社と松江藩の結びつきは強く、松江藩から船が外洋に出る際は必ず美保神社で安全祈願を行ってから出帆するものであった。松江藩の管轄地は天領である隠岐の島も含まれていたので、隠岐の島への渡航などはかなり頻繁に行われていた。更に明治になって外国艦船の頻繁な往来とともに、国防への備えが必要となり、松江藩は二隻の軍艦をイギリスなどから買い入れた。それが第一八雲丸（写真二三九頁）と第二八雲丸だった。その軍用方奉行に鈴《すず》木《き》潘《ばん》がいた。彼は軍用方奉行という立場から

トラクターで開墾（バックは羊蹄山）
（倶知安町『鈴木重慶伝』より）

鈴木重慶
（倶知安町『鈴木重慶伝』より）

も美保神社宮司とは親しく親交を重ねていた。

明治になって全国各地の神社の格付けが行われた。その中で美保神社はあまりいい格が与えられず、神社関係者や鈴木らは憤慨し、何度も格上げの陳情を行っている。その甲斐あって美保神社は格上げが実現している。そういうこともあって資金が必要になったのか、美保神社の神官たちが中心になって、倶知安の山陰移住会社を引き継ぐことになった。そのリーダーとして鈴木潘の長男鈴木重慶が充てられた。彼が率いる開拓団は奮闘し、北の農地を開拓していったのだが、やはり山陰移住会社と同じように一度は挫折しかけた。しかし、そこで重慶は開拓をいったん中断し、アメリカの大学に入って最新の機械化農業を学んで帰ってきた。トラクターなど様々な農業機械を使っての農業は日本では革新的なものであった。その甲斐あって開拓は進んでいき、最終的には開拓農地は他社に買い取られたが、その会社は後に雪印乳業へと発展していく。

鈴木重慶（向って右）と宮脇富
（倶知安町『鈴木重慶伝』より）

第20章　軍隊が松江にやって来た

歩兵第63連隊の駐屯はインフラの整備も

陸軍の松江連隊区が配属されたのは明治四十年（一九〇七）であった。そして第一七師団に所属変更となった歩兵第六三連隊が松江の津田村に移転したのは明治四十一年（一九〇八）の十一月であった。今は松江市古志原町となっているが、現在の松江工業高校が連隊の駐屯地であった。そこには本営や兵舎、練兵場、弾薬庫などいくつもの建物が建てられていたがそれらはほぼ失われ、わずかに残っていた覆雨練兵場も平成二十一年（二〇〇九）に解体された。練兵場は煉瓦造で屋根は鉄骨でトラスが組まれていた。覆雨練兵場は松江工業高校第二体育館として長く使われていたが、工業高校の新築とともに解体された。その建物はレン

昭和12年（1937）の軍事教練

ガ造で屋根を細い鉄骨のトラスで組んでいた。陸軍の全国各地にみられる同様の建物とほぼ同じ構造と形式を採用していた。

陸軍の駐屯が決まり、松江のインフラも急激に整備された。例えば鉄道だが、明治四十年（一九〇七）ごろから米子から西に向かって鉄道は伸び、明治四十一年（一九〇八）には松江停車場が開業し、さらに西へ向かって伸びている。また松江の上水道も以前から敷設の要望があったが、本決まりになったきっかけはこの六三連隊の駐屯であった。その他、陸軍衛生病院の新設、人参畑だらけだった津田の開発と駐屯地に新大橋からまっすぐに続く道路の新設など、ここに至って松江のインフラ施設は大きな転換点を迎えることとなった。

県立松江工業高校第二体育館

同内部

玉造の水上機基地と宍道の魚雷工場

松江が持っている宍道湖を利用して、軍事基地あるいは軍事工場の建築がいくつか戦時中に設けられている。

昭和十九年（一九四四）に編成された艦上機部隊第六三四海軍航空隊の一つが計画され、太平洋戦争も末期に宍道湖に水上機基地の建設が開始された。兵舎や飛行機掩体なども設置されたが、現在はすべて竹林などに変わっている。

宍道の佐々布にあるオーエム製作所は出雲製織株式会社創業者の宍道政一郎氏によって昭和十年（一九三五）に紡績業の工場として設立された。その後昭和二十四年（一九四九）独立して大和機械工業株式会社となり、機械製造を行って現在のオーエム製作所となったが、戦時中には日本軍から魚雷の製造を委託されて作っている。一般の潜水艦から発射するものや空中魚雷と呼ばれる艦船や航空機から発射する魚雷も作られ、宍道湖で発射実験も行われた。これらのことは『宍道町誌』にも詳しく載っている。

オーエム製作所正面

製作所の事務所は現在も昭和八年（一九三三）建築のものが使われており、美しいフォルムを持った、洋風でありながら和風のペーストも持った二階建ての建築だ。

悲劇の連合艦隊訓練と慰霊塔

昭和二年（一九二七）八月二十二日、日本海軍連合艦隊六十余隻は美保湾に訓練途次の休憩に姿を現した。このころ海軍の訓練が美保湾沖で度々行われていた。この時の訓練は旗艦戦艦長門をはじめ、戦艦比叡、金剛、そして鬼怒、阿武隈、由良などの軽巡洋艦などの精鋭が入港していた。島根、鳥取の市民の艦内見学が許され、有力者を招いての昼食会が催された。返礼に松江市は加藤寛治大将以下三十数人の首脳部を招き、松江城山、八雲旧居、有澤山荘などを案内した後、松崎水亭にて歓迎会を催した。二十四日再び演習に向かうために錨を上げ、夜中の十一時ごろから夜間演習に移った。灯りも付けず全速力で走る魚雷戦の演習であったが、突然駆

慰霊塔

逐艦「蕨（八五〇t）」と軽巡洋艦「神通（五五〇〇t）」が激突し、蕨はあっというまに沈没し、乗組員九一人が艦と共に沈んだ。その直後軽巡洋艦「那賀」と駆逐艦「葦」が衝突し、乗組員二八人が行方不明となった。さすがにそこで演習は中止となりそれ以上の惨事にはならなかったが、その後の捜索でも乗組員の死体はほとんど上がることがなかった。二十一日後の九月十四日、美保関町の五本松公園で「海軍殉難将氏の追悼法会」が営まれ、知事ら五百人の参列者が一一九柱の霊を慰めた。その後慰霊塔建設運動が起こり、昭和四年（一九二九）東郷平八郎元帥が揮毫した「慰英霊」の題字を刻んだ慰霊塔が五本松公園に出来上がった。この慰霊塔のデザインは、早稲田大学教授で材料学を専門とする吉田享二であった。エリッヒ・メンデルゾーンの設計したアインシュタイン塔とデザイン的に通じるものがあり、十九世紀末の分離派、アールヌーボー、表現主義といわれる芸術運動の流れを汲んだものであると思われる。今は五本松公園に上ってくる人も少なく、慰霊塔は忘れられかけながらそこに建っている。

アインシュタイン塔

第21章　松江市街図の変遷

日本中のまちが藩政時代（江戸時代）においては、その姿をほとんど変えなかった。日本国内だけで経済が回り、外国文化はわずかしか入らず、新たな産業が生まれることも少ない時代においては変わるものも極端に少なかった。民家においても武家においてもその大きさや位置が変わることは少なく、たとえ焼け落ちても同じ場所に同じ大きさのものが建て直されることが多かった。

それが明治になって全てが変わっていく。それはそうだ、社会制度が根本から変わったのだ。政治や行政、商売の方法、お金の単位、身分、服装、食生活、娯楽、すべてが大きく変わった。とりわけ変わったのは日本が海外との交流を始めたこと。様々な外国文化は怒涛の如く押し寄せ、動力、機械、電機、通信、造船など枚挙にいとまのないほど様々なものが一時に生活の中に入っていったのだ。もちろん、伝染病のようなありがたくないものも入ってくるし、遊び方の面でも変わってくる。登山やスキー、海水浴などはお雇い外国人たちが持ち込んできた。しかし、反面日本の文化であった混浴文化は廃れていく。

維新で始まり、まちづくりも一変していく。武家屋敷が整理されていく。特に広い家老級の屋敷などは行政施設や学校、教員養成所などに使われていく。松江では白潟や末次で大規模な埋立ても広がっていく。そして鉄道の開通は松江駅周辺や北松江駅周辺を大きく変えていく。その中で大火も各地で発生し明治、大正、昭和とまちの移り変わりは早い。本文で建物を紹介しながらも、どの建物がいつの時代にどこにあったのかがとても分かりにくいということに気づいた。

そこで時代を追いながら市街地図を作ってみた。いくらか齟齬もあるかもしれない。埋め立て地の大きさも資料によっては違うこともある。少し強引に描いている面もあるので間違いはご容赦願いたい。むしろご指摘を頂きながらより正確なものに直していきたいので教えていただきたい。

明治四十一年の市街地図

この年安来―松江間の鉄道が開通し、松江から鳥取までつながることとなった。明治四十二年（一九〇九）には西進して宍道まで開通するが線路は既にできていたのだろう。地図には袖師辺たりから横浜町岸部の宍道湖上を線路が通っている。これ以降、線路を囲むように埋立てが進んでいく。白潟本町、天神町そして県庁周辺に公共建築や銀行などが出来ている。伊勢宮の新地もこの頃には出来ている。大橋川に架かる橋は大橋一本だけがあり、この頃は第15代大橋がかかっている。島根県庁は明治四十一年（一九〇八）にはまだ三代目の様式建築の庁舎が建設中だったが、この地図に入れてしまっている。三代目県庁は明治四十二年（一九〇九）に竣工する。

大正十年ごろの市街地図

少しずつ施設名称が地図の中に埋まっていく。新大橋が架かり、大橋川を渡る橋が2本になっているが、今の新大橋よりも幾分西側に架かっている。松江城内には武徳殿も出来ている。日本銀行松江支店も開業し、幾つもの銀行が生まれ、南殿町界隈が松江のウォール街の様相を呈してきている。天神町の天満宮裏の沖に白潟埋立て地ができ、天神遊園となっている。遊園地の様相を呈していたのだろうか。伊勢宮の新地と和多見の間の川は埋立てられて道路となり松江駅が少しずつ繁華になって行く様が伺える。

昭和九年（一九三四）頃の市街地図

新大橋が2代目に架け変わり、新地前の道路から橋と直線的につながるようになっている。その道路は作橋が架け替えられて大庭に向け、一直線につながる。施設の名称もかなり変わってきて現在と近くなっている。昭和六年（一九三一）の末次大火の後、材木町、鍛冶町などが区画整理されて東本町になっていく。さらに東側が開発され、向島町に松江市ガス局も設置される。白潟や末次の埋め立て地も徐々に拡がってゆく。

昭和三十一年（一九五六）ごろの市街地図

末次沖が埋め立てられ三角形の大きな土地が出来ている。そこに競輪場ができ、その後松江市役所がそこに建つ。その後も埋立ては広がっていく。県庁周辺も松江市役所が動いたことにより配置が換わっていく。昭和三十一年（一九五六）は四代目県庁が炎上した年でもあり、五代目の県庁の建設計画が進んでいる。学校の配置も変わり師範学校も内中原に移っていく。県庁も四代目となっている。南田町、北田町の街路や施設も徐々に変わっている。

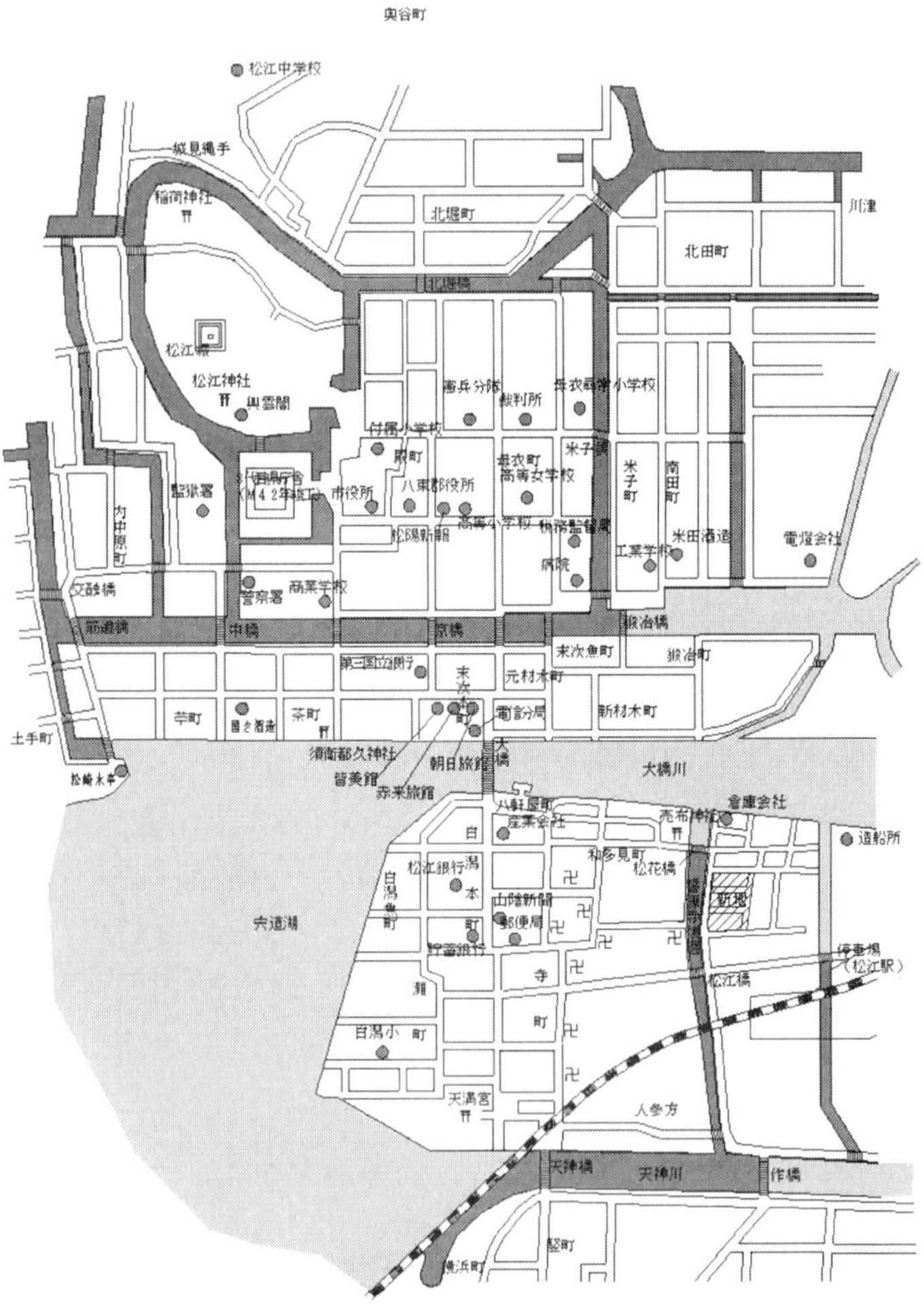

明治41年（1908）頃の松江市街地図

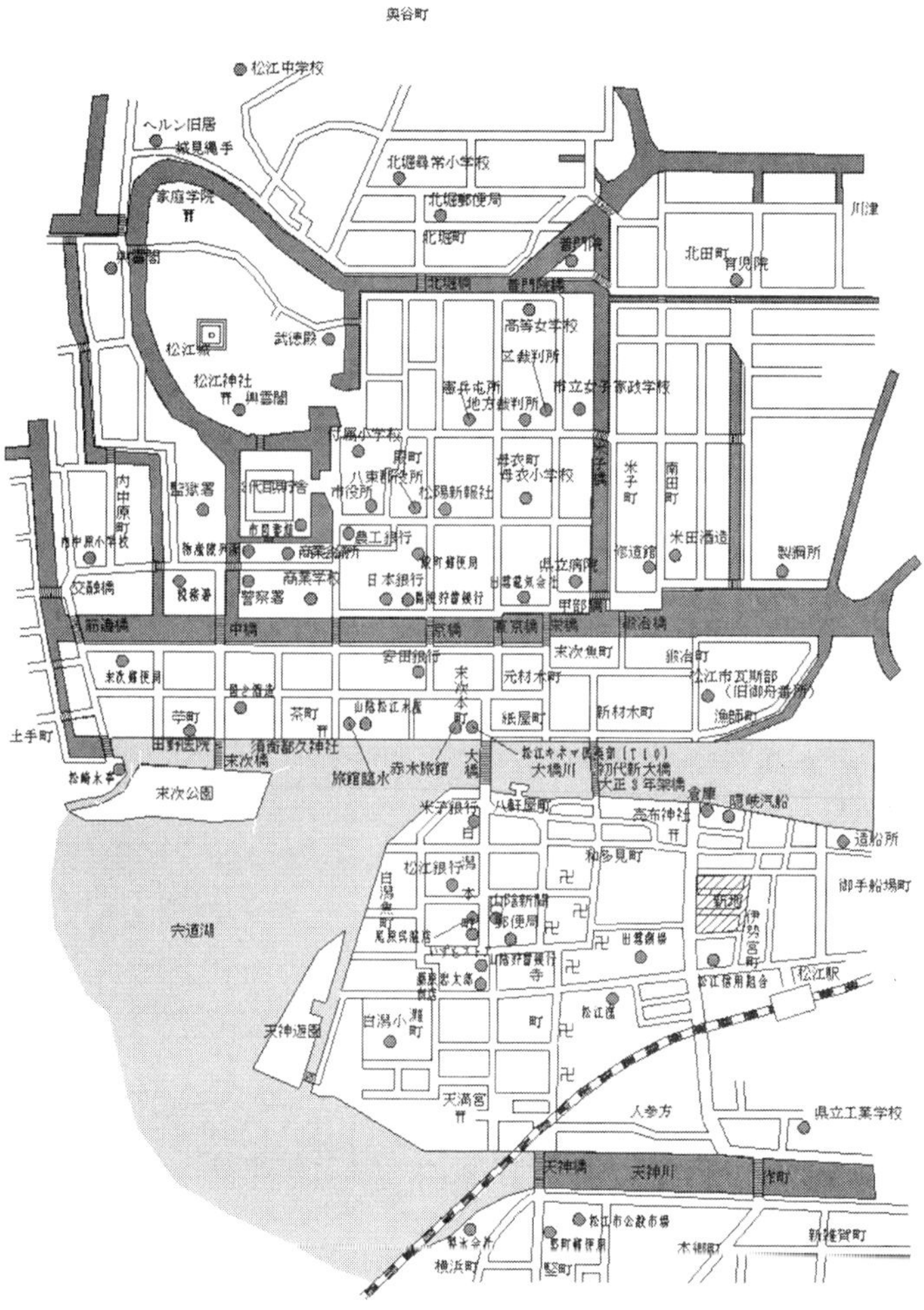

大正10年（1921）頃の松江市街地図

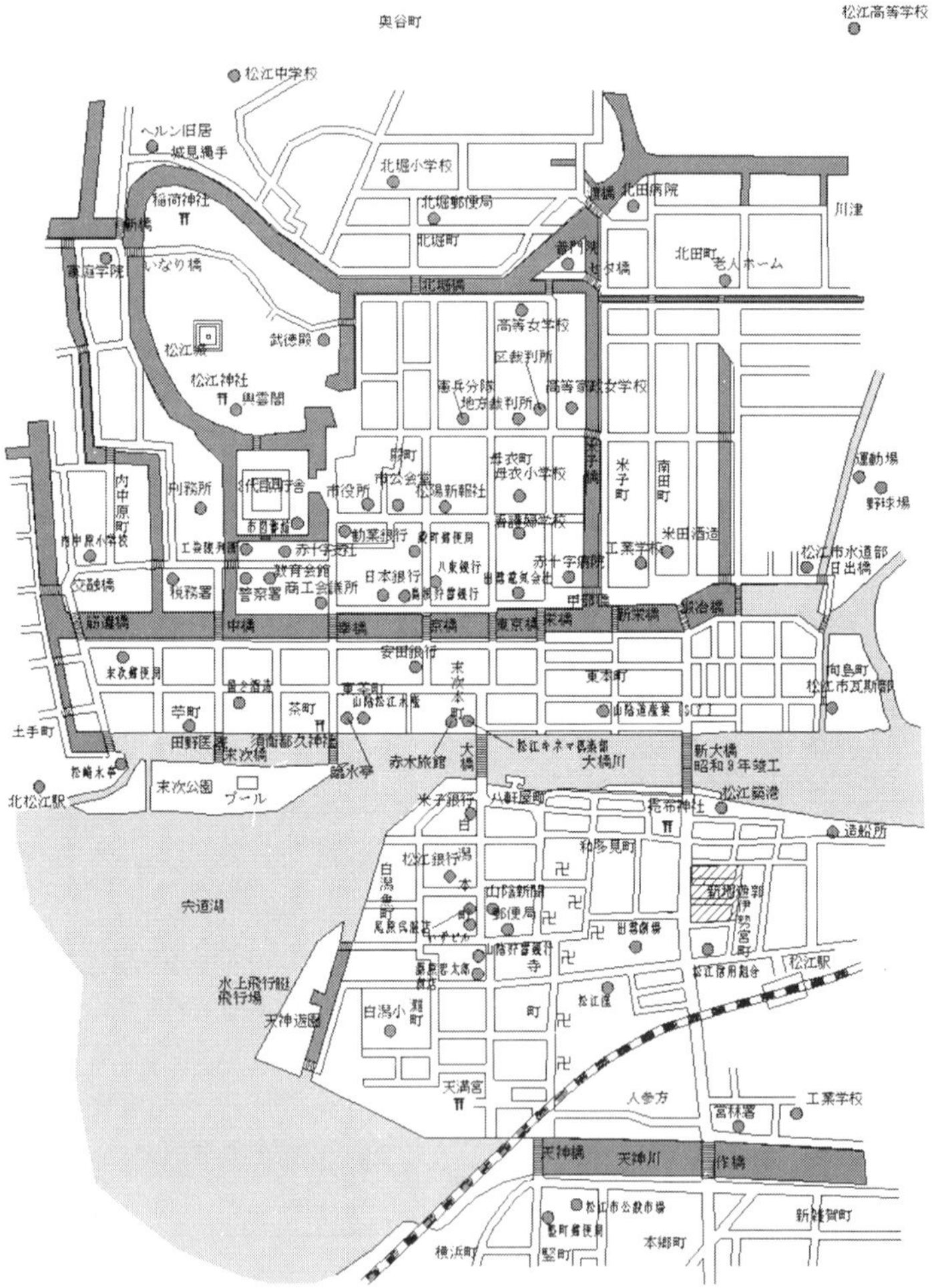

昭和4～9年（1929～1934）頃の松江市街地図

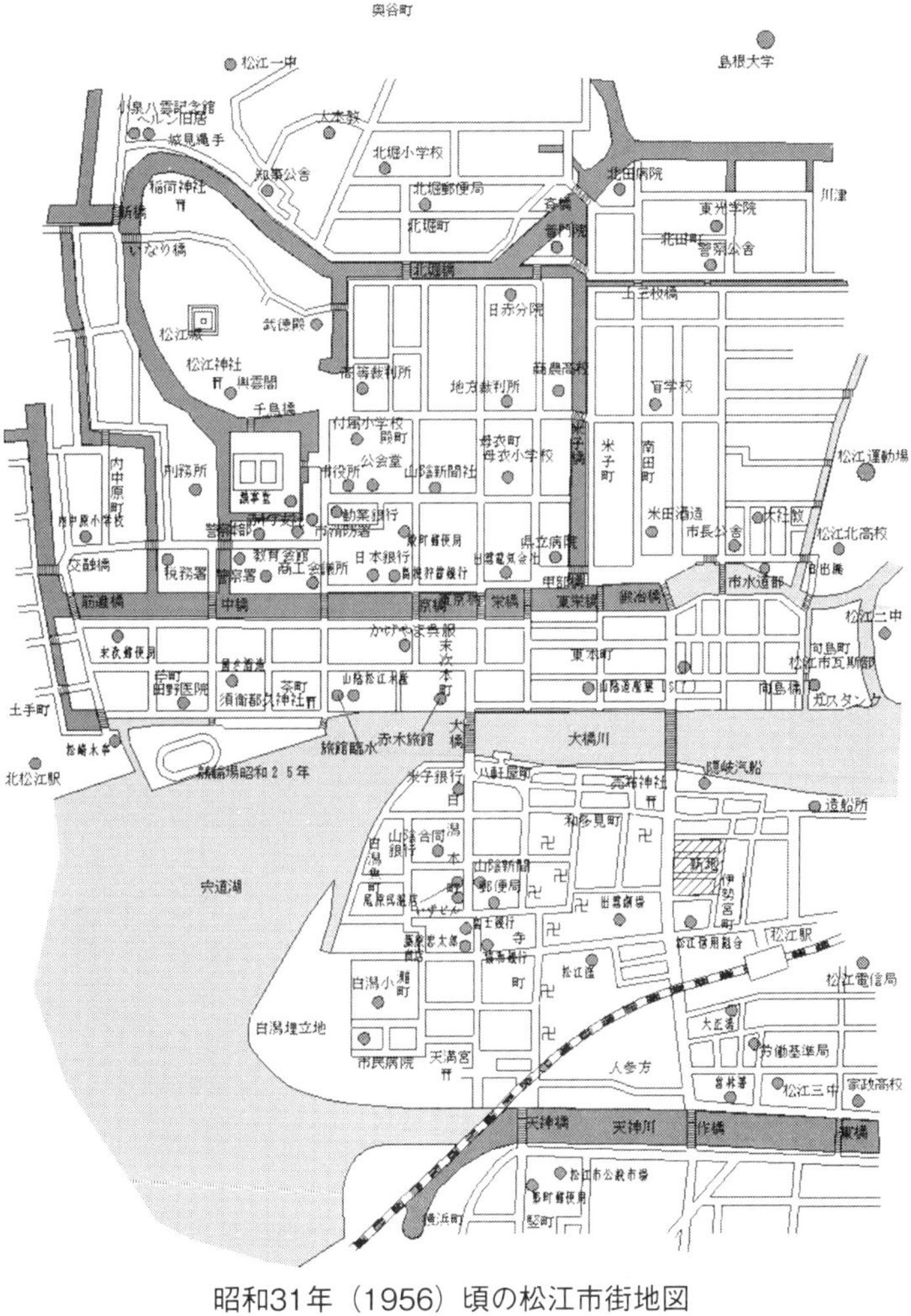

昭和31年（1956）頃の松江市街地図

参考文献

『山陰合同銀行史』株式会社 山陰合同銀行

『山陰合同銀行五十年史』株式会社 山陰合同銀行

『島根県警察史』

『日本銀行の支店建物』中村茂樹　日本銀行文書局技師

『島根県医家列伝』米田

『島根とお雇い外国人技術者たち』岡崎秀紀

『島根縣新聞史』白石徹夫

『松江藩校の変遷と役割』梶谷光弘

『山陰の日朝関係史』内藤正中

『旧宍道町誌』

『西洋医学需要から衛生思想普及までの道のり』田野俊平・梶谷光弘

『島根百年』毎日新聞社　編集人　松村英男

『松江市史』

中国電力㈱エネルギア総合研究所『エネルギア地域経済レポートNo.467』

『松江人物ものがたり』松江市教育委員会編

『福田平治翁自伝』著者：福田平治

参考文献

『花守のひと』松江女性史を学ぶ会編
『福田与志資料集』松江女性史を学ぶ会編

あとがき

まず私にこのような本を書かせていただいた方々に感謝いたします。調査や研究をしてきたことを何かにまとめたいとは思っていましたが、このような形で出版できるのは望外のことです。とはいえ、原稿はなかなか進まず当初の予定からも大きく遅れてしまい迷惑をおかけしました。さらには自分の調査不足や、知識の中の齟齬の多さからこれも一つ一つ確認していかなければなりませんでした。深く掘り進んでいくごとに疑問や矛盾が見つかっていきます。これではいけないと年表や時代を追っての松江の地図も作ってみました。これはこれで非常に役立ったので、この本にも掲載することにしました。でも、地図は後から後から、知らないものが出てくるのです。それを全部確かめるのも難儀なことでした。いろいろなことを書きました。でも、まだ調査したりないものもあります。後で間違いが指摘されるかもしれないものもあります。もっともっと、明治、大正、昭和に生きてきた建物や建造物、それに関わる人々の物語を知りたいと思います。

二〇二一年一月

足立　正智

【著者略歴】

足立　正智（あだち　まさのり）

一九五四年　島根県安来市生まれ
島根県立松江北高等学校卒業
芝浦工業大学建築工学科卒業
建築設計事務所飴屋工房　代表

【共著】

『しまねの家』（島根県）
『よみがえる建築遺産』（中国地方総合研究センター）

山陰文化ライブラリー
18

松江の近代建築
――明治・大正・昭和　記憶のまちかど――

二〇二一年二月十五日　初版発行

著者　足立　正智
発行　ハーベスト出版
〒六九〇―〇一三三
島根県松江市東長江町九〇二―五九
TEL　〇八五二―三六―九〇五九
FAX　〇八五二―三六―五八八九

印刷・製本　株式会社谷口印刷

定価はカバーに表示してあります。
落丁本、乱丁本はお取替えいたします。

Printed in Japan
ISBN978-4-86456-372-7 C0052

山陰文化ライブラリーシリーズ

1. 伝利休茶室とその周辺　和田　嘉宥著
　——復原された松江最古の茶室——
2. 野口英世の親友・堀市郎とその父櫟山　西島　太郎著
　——旧松江藩士の明治・大正時代——
3. やさしく学べる古事記講座　森田喜久男著
　——原文を読むと神話はもっとおもしろい——
4. 松江城と城下町の謎にせまる　石井　悠著
　——城と城下の移り変わり——
5. 中海宍道湖の科学　石飛　裕　神谷　宏　山室真澄著
　——水理・水質・生態系——
6. 旧石器が語る「砂原遺跡」　松藤和人　成瀬敏郎著
　——遥かなる人類の足跡をもとめて——
7. 古代出雲ゼミナール　島根県古代文化センター編
　——古代文化連続講座記録集——
8. 古代出雲ゼミナールⅡ　島根県古代文化センター編
　——古代文化連続講座記録集——
9. 古代出雲ゼミナールⅢ　島根県古代文化センター編
　——古代文化連続講座記録集——
10. 発掘された出雲国風土記の世界　内田　律雄著
　——考古学からひもとく古代出雲——
11. 松江城をつくった堀尾一族のあしあと　石井　悠著
12. 古代出雲繁栄の謎　川原　和人著
13. 古代出雲ゼミナールⅣ　島根県古代文化センター編
　——古代文化連続講座記録集——
14. お茶の殿様　松平不昧公　石井　悠著
　——不昧の歩んだ道と伝えられた文化遺産——
15. 古代出雲ゼミナールⅤ　島根県古代文化センター編
　——古代文化連続講座記録集——
16. 古代出雲ゼミナールⅥ　島根県古代文化センター編
　——古代文化連続講座記録集——
17. 古代出雲ゼミナールⅦ　島根県古代文化センター編
　——古代文化連続講座記録集——
18. 松江の近代建築　足立　正智著
　——明治・大正・昭和　記憶のまちかど——

「山陰文化ライブラリー」刊行のことば

人類は言語をもち、文字をもち、思考と記憶の伝達手段を手に入れて発達を遂げてきました。そして紙を発明し、約五百五十年前には活版印刷を発明し、知識の伝達は飛躍的に増大しました。

近年では、インターネットなど電子的メディアが急速に進歩し、これらは人類にとってさらに大きな恩恵をもたらしています。しかし、これら新しい情報伝達手段は、従来の方法にとってかわるものではなくて、むしろ選択肢を増やしたというべきです。紙の本は、依然として欠くことのできない媒体であることには変わりがありません。

人が住む地域それぞれには、アイデンティティがあり生活や文化、歴史が存在します。山陰にもこの地域ならではの生活や文化、歴史が存在します。この連綿とした人々の営みを書物という媒体に託して伝えていきたい。このシリーズの刊行にあたり、この地域を愛し、この地域のことを知りたいと思う読者に末永く愛されることを願ってやみません。

平成二三年十月一日

谷口博則